pc … coutent,

écouter

pour que les ados parlent

Dans ce livre, les parents vont découvrir :

- Comment exprimer leur irritation sans blesser
- Comment réagir de façon constructive aux préoccupations de leurs ados
- Comment encourager un ado à assumer ses responsabilités
- Comment intervenir sans punir
- Comment résoudre pacifiquement les conflits
- Comment parler de drogues et de sexualité sans créer d'éloignement

Les ados vont découvrir :

- Quelles sont les préoccupations et les frustrations des jeunes de leur âge
- Comment mieux communiquer avec leurs amis et leurs parents
- Comment exprimer leur désaccord à leurs parents

ADELE FABER ET ELAINE MAZLISH

Adele Faber et Elaine Mazlish ont acquis une renommée internationale pour leur expertise dans le domaine de la communication adultes-enfants. Des parents du monde entier leur sont reconnaissants et les communautés professionnelles appuient leurs principes avec enthousiasme.

Leur premier livre, *Liberated Parents / Liberated Children: Your Guide to a Happier Family,* a reçu le prix Christopher pour souligner « une réussite littéraire affirmant les plus hautes valeurs de l'esprit humain ». Leurs livres subséquents, *How To Talk So Kids Will Listen & Listen So Kids Will Talk* ainsi que *Siblings Without Rivalry,* se sont vendus à plus de 4 millions d'exemplaires et ont été traduits dans plus d'une trentaine de langues. Le magazine *Child* a désigné le livre *How To Talk So Kids Can Learn: At Home and in School* comme étant le meilleur livre de l'année pour sa contribution dans le domaine de l'éducation. Des milliers de groupes, répartis à travers le monde, ont profité des ateliers qu'elles ont créés en vue d'améliorer la communication entre les adultes et les enfants.

Les deux auteurs ont étudiés avec le regretté Dr Haim Ginott, psychologue pour enfants et ancien membre de la faculté de *New School for Social Research* et *Family Life Institute* de Long Island. En plus de leurs nombreuses conférences partout aux États-Unis, au Canada et ailleurs, elles ont été les invités de très populaires émissions de télévision telles que *Oprah* et *Good Morning America.*

Elles vivent toutes les deux à Long Island, aux États-Unis et chacune d'elles est mère de trois enfants.

Des mêmes auteures

Livres	Versions françaises (Aux Éditions du Phare)
Liberated Parents, Liberated Children: Your Guide to a Happier Family	*Parents épanouis, enfants épanouis : Votre guide pour une famille plus heureuse*
How to Talk so Kids Will Listen & Listen so Kids Will Talk	*Parler pour que les enfants écoutent, écouter pour que les enfants parlent*
Siblings without Rivalry: How to Help Your Children Live Together so You Can Live Too	*Frères et sœurs sans rivalité : Manuel de survie pour une famille plus sereine !*
How to Be the Parent You Always Wanted to Be	*Être le parent que vous avez toujours voulu être*
How to Talk so Kids Can Learn: At Home and in School	*Parler pour que les enfants apprennent, à la maison et à l'école*
How to Talk so Teens Will Listen & Listen so Teens Will Talk	*Parler pour que les ados écoutent, écouter pour que les ados parlent*

Livres pour enfants

Bobby and the Brockles	*Bastien et les Blipoux*
Bobby and the Brockles Go to School	*Bastien et les Blipoux vont à l'école*

Matériel d'atelier

How to Talk so Kids Will Listen	*Parler pour que les enfants écoutent*
Siblings without Rivalry	*Frères et sœurs sans rivalité*

Renseignements supplémentaires :

www.fabermazlish.com ou www.auxeditionsduphare.com

Parler
pour que les ados écoutent,
écouter
pour que les ados parlent

Adele Faber et Elaine Mazlish

Illustrations de Kimberly Ann Coe

Aux Éditions du Phare

Cap-Pelé, Canada

Titre original: **HOW TO TALK SO TEENS WILL LISTEN AND LISTEN SO TEENS WILL TALK**

Titre en français: **PARLER POUR QUE LES ADOS ÉCOUTENT, ÉCOUTER POUR QUE LES ADOS PARLENT**

Traduction : Pierre Dion et Roseline Roy
Révision des textes : Simone LeBlanc Rainville
Illustration de la couverture : Réjean Roy, www.rejean.ca
Couverture : Raymond Thériault, graphiste
Mise en page : Noémie Roy Lavoie
Impression : SoBook, Roubaix (France)

ISBN 978-2-9813730-2-1
Édition originale: ISBN 978-0-06-074125-9
(HarperCollins, New York)

La présente traduction a été faite en vertu d'un accord formel entre Aux Éditions du Phare et HarperCollins.

DISTRIBUTION

Aux Éditions du Phare
1234, allée des Hirondelles
Cap-Pelé, N.-B.
E4N 1K7 Canada
www.auxeditionsduphare.com
Tél. : (506) 577-6160
Fax : (506) 577-6727

Imprimé en France

En tant que parents, notre besoin,
c'est qu'on ait besoin de nous.
Les adolescents ont besoin de ne pas avoir
besoin de nous. Ce conflit est bien réel ; nous
en faisons l'expérience tous les jours
pendant que nous aidons ceux
que nous aimons à devenir
indépendants
de nous.

HAIM G. GINOTT
Between Parent and Teenager
(MACMILLAN, 1969)

Table des matières

Nous voulons remercier…

Nos familles et nos amis, pour leur patience et leur compréhension tout au long du processus d'écriture. Ils ont eu la gentillesse d'éviter de demander : « Alors, au juste, quand croyez-vous en avoir terminé ? »

Les parents qui ont participé à nos ateliers, pour leur empressement à mettre à l'essai de nouvelles façons de communiquer dans leur famille, et pour le compte-rendu de leurs expériences qu'ils ont donné au groupe. Leurs récits ont constitué une source d'inspiration pour nous et pour tous les participants.

Les adolescents avec qui nous avons travaillé, pour tout ce qu'ils nous ont confié à propos d'eux-mêmes et de leur monde. Leur contribution honnête nous a fourni un éclairage inestimable sur leurs préoccupations.

Kimberly Ann Coe, notre surprenante artiste. Elle a pris nos ébauches esquissées en bâtons d'allumettes, ainsi que les paroles que nous leur avions attribuées, puis elle a transformé le tout en une galerie de personnages diversifiés qui ont su donner vie au texte.

Bob Markel, notre agent littéraire et cher ami, pour l'enthousiasme qu'il a démontré dès le départ envers notre projet et pour son soutien inébranlable pendant que nous passions à travers les interminables ébauches qui ont façonné ce livre.

Jennifer Brehl, notre éditrice. Comme le *parfait parent*, elle a cru en nous, elle a confirmé nos points forts tout en attirant avec respect notre attention sur les endroits où nous pouvions encore améliorer ce qui était déjà bien. Elle a eu raison – à chaque occasion.

Le docteur Haim Ginott, notre mentor. Le monde a changé dramatiquement depuis son départ, mais sa conviction demeure toujours vraie : *pour atteindre des objectifs humains, il nous faut des méthodes humaines.*

L'origine de ce livre

Le besoin existait déjà, mais pendant longtemps, nous ne l'avions pas perçu. Puis, nous avons commencé à recevoir des lettres comme celle-ci :

Chères Adele et Elaine,
AU SECOURS ! Quand mes enfants étaient petits, ma bible était : Parler pour que les enfants écoutent… *Mais ils ont maintenant onze et quatorze ans et une série de problèmes tout nouveaux se présentent à moi. Avez-vous déjà songé à écrire un livre pour les parents d'adolescents ?*

Peu après, nous avons reçu un appel téléphonique :

— *Notre association locale est en train d'organiser sa journée annuelle de la famille. Nous aimerions vous entendre prononcer la conférence principale, qui devrait porter sur la façon de s'y prendre avec les adolescents.*

Nous étions hésitantes. Jusque-là, nous n'avions jamais présenté de programme centré exclusivement sur les adolescents. Pourtant, l'idée nous intriguait. Pourquoi pas ? Nous pourrions présenter un survol général des principes de la communication efficace, en l'illustrant cette fois d'exemples mettant en scène des adolescents. Nous pourrions ensuite démontrer sur place, à l'aide de jeux de rôle, les habiletés qui s'y rattachent.

C'est toujours un défi de présenter du nouveau matériel. On n'est jamais certain que l'auditoire le trouvera pertinent. Mais ce fut le cas. Les gens ont écouté avec attention et réagi avec enthousiasme. Au moment des questions, on nous a demandé notre opinion à propos de tout, de la question du couvre-feu et des gangs jusqu'aux insolences et aux retenues à la maison. À la toute fin, nous nous sommes retrouvées au centre d'un petit groupe de parents qui voulaient nous parler individuellement.

— Je suis mère célibataire. Mon fils de treize ans a commencé à fréquenter les pires élèves de l'école. Ils s'adonnent à la drogue et à Dieu sait quoi encore. Je lui répète de se tenir loin d'eux, mais il ne m'écoute pas. Je sens que c'est peine perdue. Comment parvenir à l'atteindre ?

— Je suis très inquiète. Je suis tombée sur un message électronique que ma fille de onze ans a reçu d'un garçon de sa classe : « Je veux te baiser. Je veux te mettre ma bitte dans la chatte. » Je ne sais pas quoi faire. Appeler ses parents ? En parler aux autorités scolaires ? Que dois-je dire à ma fille ?

— Je viens tout juste de découvrir que ma fille de douze ans fume de la mari. Comment dois-je la confronter ?

— Je suis morte de peur. En nettoyant la chambre de mon fils, j'ai trouvé, écrit de sa main, un poème parlant de suicide. Il réussit bien à l'école. Il a des amis. Il ne semble pas malheureux. Mais il se passe peut-être des choses que je ne vois pas. Devrais-je lui dire que j'ai trouvé son poème ?

— Dernièrement, ma fille passe beaucoup de temps sur Internet avec un garçon de seize ans. Du moins, il prétend avoir seize ans, mais qui sait ? Maintenant, il veut la rencontrer. Je crois que je devrais l'accompagner. Qu'en pensez-vous ?

Sur le chemin du retour, nous n'avons pas cessé de parler : Tu as vu à quoi ces parents doivent faire face ?... Comme le monde d'aujourd'hui est différent !... Mais les temps ont-ils vraiment changé à ce point ? À l'époque où nos enfants et ceux de nos amis traversaient l'adolescence, nous avions nous aussi éprouvé des inquiétudes à propos de la sexualité, des drogues, de l'effet d'entraînement des camarades et même du suicide. Pourtant, ce que nous venions d'entendre ce soir-là nous semblait encore pire, plus terrifiant. Il y avait encore plus de sujets d'inquiétude. Et les problèmes commençaient à un âge plus tendre. Peut-être parce que la puberté arrive de façon plus précoce.

Quelques jours plus tard, un autre appel téléphonique nous provenait cette fois d'une directrice d'école :

— *Nous offrons actuellement un programme expérimental à un groupe d'élèves de douze à dix-huit ans. Nous avons fourni un exemplaire de* Parler pour que les enfants écoutent... *à chacun des parents concernés. Comme votre livre a été vraiment utile, nous nous demandons si vous seriez disposées à rencontrer les parents et à animer quelques ateliers conçus pour eux.*

Nous avons répondu à la directrice que nous y réfléchirions avant de lui donner une réponse.

Nos journées suivantes ont consisté à passer ensemble en revue ce que nous savions des ados que nous avions connus de plus près : les nôtres. Nous avons remonté le temps pour en ramener des souvenirs depuis longtemps oubliés - les moments sombres, les éclaircies et les occasions où nous avions retenu notre souffle. Petit à petit, nous avons pénétré de nouveau sur le terrain émotionnel d'autrefois et nous avons éprouvé les mêmes angoisses qu'à l'époque. Une fois de plus, nous nous sommes demandé ce qui rendait si difficile cette période de la vie.

On nous avait pourtant averties. Dès leur naissance, on nous avait dit : « Profitez-en maintenant, pendant qu'ils sont encore petits... Petits enfants, petits soucis ; grands enfants, grands tourments. » On nous avait sans cesse répété qu'un jour, notre mignon petit enfant se transformerait en étranger insolent qui critiquerait nos goûts, contesterait nos règles et rejetterait nos valeurs.

Ainsi, nous étions quelque peu préparées au changement de comportement de nos enfants, mais personne ne nous avait prémunies contre le sentiment de perte.

Perte de la relation intime de jadis. *(Qui est cette personne hostile qui demeure chez moi ?)*
Perte de la confiance. *(Pourquoi agit-il de cette façon ? Est-ce à cause de quelque chose que j'ai fait… ou que je n'ai pas fait ?)*
Perte de la satisfaction de nous sentir utiles. *(Non, tu n'as pas besoin de venir. Mes amis vont m'accompagner.)*
Perte de l'impression d'être des protecteurs tout-puissants capables d'assurer la sécurité de nos enfants. *(Il est minuit passé. Où est-elle ? Que fait-elle ? Pourquoi n'est-elle pas déjà rentrée ?)*
Et ce qui dominait même l'impression de perte, c'était notre peur. *(Comment faire traverser ces années difficiles à nos enfants ? Comment les traverser nous-mêmes ?)*

S'il en était ainsi pour nous, il y a une génération, à quoi doit ressembler la situation des pères et des mères d'aujourd'hui ? Ils élèvent leurs enfants dans une culture qui est plus méchante, plus dure, plus brutale, plus matérialiste, plus orientée vers la sexualité, plus violente que jamais auparavant. Pourquoi les parents d'aujourd'hui ne se sentiraient-ils pas submergés ? Pourquoi ne seraient-ils pas poussés à bout ?

Il n'est pas difficile de comprendre pourquoi certains réagissent en se montrant durs, pourquoi ils essaient de faire la loi, punissent toute transgression, même mineure, et tiennent la bride haute à leurs ados. On peut aussi comprendre pourquoi d'autres abandonnent, pourquoi ils baissent les bras, détournent les yeux et espèrent que tout ira pour le mieux. Pourtant, chacune de ces approches – *Fais ce que je dis* … ou *Fais ce que tu veux…* – coupe toute possibilité de communication.

Pourquoi une jeune personne irait-elle se confier à un père ou à une mère qui donne des punitions ? Pourquoi rechercherait-elle les conseils d'une mère ou d'un père qui tolère tout ? Pourtant, le bien-être de nos adolescents – et parfois même leur sécurité – repose sur l'accès qu'ils peuvent avoir aux pensées et aux valeurs de leurs parents. Les adolescents ont besoin d'un adulte à qui exprimer leurs doutes et confier leurs peurs, avec qui ils peuvent explorer des possibilités ; un adulte qui les écoutera sans les juger et les aidera à prendre des décisions responsables.

Qui, à part papa ou maman, sera là pour eux, jour après jour, au cours de ces années cruciales, pour les aider à résister aux messages séducteurs des médias ? Qui les aidera à résister à l'effet d'entraînement de leurs camarades ? Qui les aidera à composer avec les gangs et leur cruauté, le désir d'être accepté, la peur d'être rejeté, les terreurs, l'excitation et la confusion de l'adolescence ? Qui les aidera dans leur lutte déchirante entre le conformisme et le respect de soi ?

Vivre avec des adolescents peut être extrêmement exigeant. Nous en savons quelque chose. Nous nous en souvenons. Mais nous nous souvenons aussi de la façon dont nous nous sommes cramponnées, pendant ces années de turbulence, aux habiletés que nous avions apprises, et comment elles nous ont aidées à naviguer sans sombrer sur les eaux les plus agitées.

Le temps était venu de transmettre à d'autres ce qui avait été si important pour nous. Et d'apprendre de la génération actuelle ce qui le serait pour elle.

Nous avons donc rappelé la directrice et fixé la date de notre premier atelier pour parents d'adolescents.

Note des auteures

Ce livre est basé sur les nombreux ateliers que nous avons donnés à travers le pays ainsi que sur d'autres que nous avons offerts, à New York et à Long Island, à des parents et à des adolescents, ensemble et pris séparément.

Afin de raconter notre histoire le plus simplement possible, nous avons condensé nos nombreux groupes en un seul et fusionné nos deux personnes en une seule animatrice.

Même en changeant les noms et en réaménageant les événements, nous sommes restées véritablement fidèles à l'essentiel de notre expérience.

Adele Faber et Elaine Mazlish

1

La prise en compte des sentiments

Je ne savais pas à quoi m'attendre.
En courant de la voiture vers l'entrée de l'école, je serrais mon parapluie contre moi pour l'empêcher de partir au vent. Je me demandais ce qui pouvait bien pousser quelqu'un à quitter la chaleur de sa maison, par une nuit froide et maussade, pour venir participer à un atelier portant sur les adolescents.

La conseillère d'orientation m'a accueillie à la porte et m'a fait entrer dans une salle de classe où m'attendaient une vingtaine de parents.

Je me suis présentée et j'ai félicité les personnes présentes d'avoir bravé le mauvais temps. Puis, j'ai distribué des macarons sur lesquels je leur ai demandé d'inscrire leur nom. Pendant qu'ils écrivaient tout en bavardant entre eux, j'examinais la composition du groupe. Il y avait toute une variété de personnes. Presque autant d'hommes que de femmes ; différents groupes ethniques ; des couples ; des personnes seules ; certains en complet veston, d'autres en jeans.

Quand le groupe m'a semblé prêt, j'ai demandé que chacun se présente et nous parle un peu de ses enfants.

À tour de rôle, sans hésiter, les parents ont décrit des enfants dont l'âge variait entre douze et seize ans. Ils ont presque tous ajouté un commentaire sur la difficulté d'élever des adolescents dans le monde d'aujourd'hui. Pourtant, il m'a semblé qu'ils demeuraient sur leurs gardes ; ils se retenaient, s'assurant de ne pas trop en dire prématurément devant une salle remplie d'étrangers.

— Avant d'aller plus loin, ai-je commencé, je veux vous assurer que tout ce que nous discutons ici restera confidentiel. Tout ce qui se dit entre ces quatre murs reste ici. Personne d'autre n'a besoin de savoir que tel jeune fume, boit, sèche ses cours ou a des rapports sexuels précoces. Sommes-nous tous d'accord là-dessus ?

Les hochements de tête m'ont indiqué l'assentiment du groupe.

— Je nous considère, ai-je enchaîné, comme des coéquipiers engagés dans une aventure passionnante. Mon travail consistera à vous présenter des méthodes de communication susceptibles d'améliorer la relation entre parents et adolescents. Votre travail consistera à vérifier ces méthodes, c'est-à-dire à les mettre à l'épreuve dans votre foyer et à faire part au groupe des résultats obtenus. Vous nous direz ce qui s'est avéré utile ou inutile ; ce qui a fonctionné et ce qui n'a rien donné. En conjuguant nos efforts, nous pourrons identifier les façons les plus efficaces d'aider nos enfants à faire la difficile transition du passage de l'enfance à la vie adulte.

Je me suis tue pour donner au groupe la chance de réagir.

— Pourquoi faut-il que ce soit une transition difficile ? a protesté un père. Je ne me souviens pas d'avoir eu tant de difficultés quand j'étais adolescent. Ni d'avoir causé des tracas à mes parents.

— C'est que tu étais un enfant docile, a ajouté sa femme qui lui caressait le bras en souriant.

— Ouais, mais c'était peut-être plus facile d'être dociles quand nous étions adolescents, a commenté un autre homme. Il se passe aujourd'hui des choses qui auraient paru incroyables à l'époque.

— Faisons donc un retour sur cette époque, ai-je suggéré. Je crois que nous pouvons tirer de notre propre adolescence des indications sur ce que vivent aujourd'hui nos enfants. Essayons d'abord de nous rappeler ce que cette période de notre vie avait de meilleur.

Michael s'est exprimé le premier. C'était l'enfant docile de tout à l'heure.

— Pour moi, le beau côté, c'était les sports et les sorties avec mes amis.

— Pour moi, a enchaîné un autre, c'était la liberté d'aller et venir. Prendre le métro tout seul. Aller en ville. Prendre le bus et aller à la plage. Le bonheur total !

Les autres ont fait chorus à sa suite.

— Pouvoir porter des talons hauts et du maquillage. Et toute cette excitation à propos des garçons. Mes amies et moi, on avait toutes le béguin pour le même mec, et on se disait : « Tu crois qu'il m'aime ? tu penses que c'est plutôt toi qu'il aime ? »

— La vie était alors tellement facile. Je pouvais dormir jusqu'à midi pendant le week-end. Aucun souci à me faire à propos de l'emploi, du loyer à payer, d'une famille à nourrir. Aucune crainte du lendemain. Je savais que je pouvais toujours compter sur mes parents.

— Pour moi, ç'a été l'occasion de partir à la découverte de moi-même, d'essayer diverses identités et de rêver à l'avenir. J'étais libre de fantasmer, mais j'avais aussi la sécurité de ma famille.

— Pour moi, a dit une femme en secouant la tête d'un air piteux, la beauté de l'adolescence, ce fut d'en sortir.

— Karen, ai-je demandé après un coup d'œil sur son macaron, ça ne semble pas avoir été la plus belle partie de votre vie.

— En fait, le soulagement, ce fut d'en avoir fini.

— En avoir fini avec quoi ? a demandé quelqu'un.

— En avoir fini, a-t-elle répondu en haussant les épaules, avec le souci de me faire accepter… d'essayer trop fort… de trop sourire pour que les gens m'aiment… de n'être jamais vraiment intégrée… de toujours me sentir étrangère.

D'autres ont aussitôt abondé dans le même sens, même ceux qui, un moment plus tôt, avaient parlé de leur adolescence de façon élogieuse.

— Je comprends cela. D'après mes souvenirs, je me sentais tellement gauche et mal dans ma peau. J'avais un surplus de poids et je détestais mon apparence.

— Je sais que j'ai mentionné mon excitation pour les garçons, mais en vérité, c'était plutôt une obsession : les aimer, rompre avec eux, perdre des amies à cause d'eux. Les garçons, c'était tout ce qui occupait ma pensée et mes résultats scolaires en souffraient. J'ai failli ne pas obtenir mon diplôme de fin d'étude.

— Mon problème, à l'époque, c'était de résister à l'entraînement des autres gars qui me poussaient à faire des choses que je savais immorales ou dangereuses. J'ai fait un tas de bêtises.

— Je me souviens de ma constante confusion. Qui je suis ? Qu'est-ce qui me plaît ? me déplaît ? Suis-je une personne authentique ou la copie de mes camarades ? Si je suis moi-même, est-ce qu'on m'acceptera ?

Ce groupe me plaisait. J'appréciais l'honnêteté de ces personnes. Je leur ai demandé ensuite si, pendant ces années de bouleversements continuels, leurs parents avaient fait ou dit quelque chose qui leur avait été utile.

Les gens se sont mis à fouiller dans leurs souvenirs.

— Mes parents n'ont jamais crié après moi en présence de mes amis. Si j'avais fait quelque chose de mal, comme rentrer vraiment très tard en compagnie de mes amis, mes parents attendaient qu'ils soient partis. Puis, ils me tombaient dessus.

— Mon père avait l'habitude de me dire des choses telles que : « Jim, tu dois défendre tes croyances… Dans le doute, consulte ta conscience… Ne crains jamais d'avoir tort, sinon tu n'auras jamais raison. » D'habitude, je me disais : « Encore un sermon », mais parfois, je trouvais que ses paroles avaient du sens.

— Ma mère me poussait toujours à m'améliorer. « Tu peux faire mieux… Vérifie de nouveau… Recommence. » Elle ne laissait rien passer. Mon père, au contraire, croyait que j'étais parfaite. Alors je savais vers qui me tourner selon le cas. J'avais le choix.

— Mes parents insistaient pour que j'acquière toutes sortes de compétences – comment faire les comptes, changer un pneu. Ils m'ont même fait lire cinq pages d'espagnol par jour. Je leur en voulais, mais j'ai fini par obtenir un bon emploi parce que je connaissais l'espagnol.

— Je sais que je ne devrais pas dire ceci, parce qu'il y a probablement ici un tas de mères qui travaillent, et j'en suis, mais je suis très reconnaissante que ma mère ait été à la maison quand je rentrais de l'école. Si quelque chose m'avait dérangée pendant la journée, je pouvais toujours lui en parler.

— Donc, ai-je conclu, plusieurs d'entre vous avez senti que vos parents vous avaient été d'un grand soutien pendant vos années d'adolescence.

— C'est une demi-vérité, a répliqué Jim. À côté des paroles positives de mon père, il y avait un tas de trucs blessants. Rien de ce que je faisais n'était assez bon à ses yeux. Et il me le faisait savoir.

Les paroles de Jim ont ouvert les écluses. Un flot de souvenirs pénibles s'est mis à couler.

— J'ai reçu très peu d'appui de ma mère. J'avais un tas de problèmes et un grand besoin de conseils, mais tout ce que j'ai jamais reçu d'elle, c'était les mêmes vieilles rangaines :

« Quand j'avais ton âge... » À la longue, j'ai appris à tout garder pour moi.

— Mes parents avaient le tour de me faire sentir coupable : « Tu es notre seul fils... Nous attendons beaucoup de toi... Tu ne te montres pas à la hauteur de ton potentiel. »

— Les besoins de mes parents passaient toujours avant les miens. Leurs problèmes devenaient mes problèmes. J'étais l'aînée de six enfants et on s'attendait à ce que je fasse la cuisine et le ménage et que je prenne soin de mes frères et sœurs. Je n'avais pas le temps d'être adolescente.

— Moi, c'était le contraire. J'étais tellement choyée et surprotégée que je me sentais incapable de prendre la moindre décision sans l'approbation de mes parents. Il m'a fallu des années de thérapie avant d'avoir un peu confiance en moi-même.

— Mes parents venaient d'un autre pays, d'une culture tout à fait différente. Chez nous, tout était strictement défendu. Je ne pouvais ni acheter ce que je voulais, ni aller où je le voulais, ni porter ce que je voulais. Même à 18 ans, je devais demander la permission pour tout.

Une femme du nom de Laura a parlé en dernier.

— Ma mère allait à l'extrême opposé. Elle était beaucoup trop tolérante. Elle n'imposait aucune règle. J'allais et venais à ma guise. Je pouvais rentrer à deux ou trois heures du matin et personne ne s'en souciait. Elle ne me fixait aucun horaire et ne me faisait jamais de remarque. Elle me laissait même m'intoxiquer à la maison. À seize ans, je consommais de la cocaïne et je buvais. Le plus affolant, c'était la rapidité avec laquelle je glissais sur la mauvaise pente. J'en veux encore à ma mère de n'avoir même pas essayé de me donner un peu de discipline. Elle a gâché de nombreuses années de ma vie.

Le groupe est devenu silencieux. Les gens absorbaient l'impact de ce qu'ils venaient d'entendre. Finalement, Jim a fait un commentaire.

— Ma foi, malgré leurs bonnes intentions, les parents peuvent réellement perturber la vie d'un enfant.

— Mais on a tous survécu, a protesté Michael. On a grandi, on s'est mariés, on a fondé une famille. D'une façon ou d'une autre, on est parvenus à devenir des adultes à peu près normaux.

— C'est peut-être vrai, a répliqué Joan, la femme qui avait parlé de sa thérapie, mais il nous a fallu trop de temps et d'énergie pour réparer les dégâts.

— Et il y a des choses qu'on ne répare jamais, a ajouté Laura. C'est pour cette raison que je suis ici. Ma fille commence à agir d'une façon qui m'inquiète et je ne veux pas répéter avec elle ce que ma mère a fait avec moi.

Le commentaire de Laura a ramené tout le monde au présent. Petit à petit, les gens se sont mis à exprimer leurs inquiétudes actuelles à propos de leurs enfants.

— Ce qui me préoccupe, c'est la nouvelle attitude de mon fils. Il rejette toute règle. C'est un rebelle. Comme moi à quinze ans. Mais, moi, je le cachais, alors que lui, il le manifeste ouvertement. Il insiste pour repousser les limites.

— Ma fille a seulement douze ans, mais elle sollicite constamment l'approbation des autres, spécialement celle des garçons. J'ai peur qu'un jour, elle se mette dans une situation compromettante, juste pour se faire accepter.

— Je me fais du souci au sujet du travail scolaire de mon fils. Il a cessé de s'appliquer. J'ignore s'il s'intéresse trop aux sports ou s'il est tout simplement paresseux.

— Tout ce qui semble intéresser mon fils, c'est d'être cool et de se tenir avec ses nouveaux amis. Je n'aime pas ses fréquentations. Je crois que ses amis exercent sur lui une mauvaise influence.

— Il y a deux différentes personnes en ma fille. Hors de la maison, elle est parfaite – douce, plaisante, polie. Mais à la maison, il ne faut pas y compter. Dès que je lui refuse quelque chose, elle devient déplaisante.

— Tout comme ma fille. Sauf que c'est avec sa nouvelle belle-mère qu'elle est déplaisante. Ça crée une situation très tendue – surtout quand on est tous ensemble pour le week-end.

— C'est la situation des jeunes dans son ensemble qui m'inquiète. De nos jours, ils ne savent pas ce qu'ils fument ou boivent. J'ai trop entendu d'histoires à propos de fêtes où les gars glissent des drogues dans la boisson d'une fille, sans parler des viols commis par des compagnons de sortie.

L'air était chargé de l'anxiété collective du groupe.

— Alors, a conclu Karen en riant nerveusement, maintenant que nous connaissons les problèmes, il faut vite passer aux solutions !

— Il n'existe aucune solution rapide, ai-je répondu. Pas avec des ados. On ne peut ni les protéger contre les dangers du monde d'aujourd'hui, ni leur épargner les bouleversements émotionnels de l'adolescence, ni supprimer la culture pop qui les bombarde de messages malsains. Mais si vous pouvez créer, dans votre foyer, le genre de climat où vos enfants se sentent libres d'exprimer leurs sentiments, il y a de fortes chances pour qu'ils soient davantage disposés à vous écouter quand vous exprimez les vôtres. Plus désireux de considérer votre perspective adulte. Davantage capables d'accepter les limites que vous voulez établir. Plus susceptibles d'être protégés par vos valeurs.

— Vous voulez dire qu'il y a encore de l'espoir ! s'est exclamée Laura. Qu'il n'est pas trop tard ? La semaine dernière, je me suis réveillée complètement paniquée. J'étais obsédée par l'idée que ma fille n'était plus une enfant et qu'il était impossible de revenir en arrière. Je suis restée paralysée à la pensée de toutes les erreurs que j'avais faites avec elle. Alors, je me suis sentie terriblement déprimée et coupable. Puis, soudain, j'ai eu une inspiration. Je me suis dit : « Hé ! je ne suis pas encore morte ! Elle n'a pas encore quitté la maison. Et je serai toujours sa mère. Je peux peut-être apprendre à devenir une meilleure mère. » De grâce, dites-moi qu'il n'est pas trop tard.

— L'expérience m'a appris qu'il n'est jamais trop tard pour améliorer la relation avec un enfant, ai-je répondu.

— C'est vrai ?

— C'est vrai.

Le temps était venu de présenter un premier exercice.

— Faites comme si j'étais votre ado, ai-je suggéré au groupe. Je vais vous faire part de certaines de mes préoccupations d'adolescente. Je vous demande d'y réagir de façon à rebuter à coup sûr la plupart des jeunes. Allons-y !

« **Je ne sais pas si je veux aller à l'université.** »
Mes *parents* ont aussitôt répliqué :
- *Ne sois pas ridicule. Bien sûr que tu vas y aller.*
- *Je n'ai jamais rien entendu d'aussi stupide.*
- *Je ne peux pas croire que tu oses dire une chose pareille. Tu veux briser le cœur de tes grands-parents ?*

Tout le monde s'est esclaffé. J'ai continué d'exprimer mes inquiétudes et mes doléances d'ado.

« **Pourquoi faut-il toujours que ce soit moi qui sorte les poubelles ?** »
- *Parce que tu ne fais rien d'autre ici que manger et dormir.*
- *Pourquoi faut-il que ce soit toujours toi qui te plains ?*
- *Comment se fait-il que ton frère ne fait jamais de chichi quand je lui demande de l'aide ?*

« **Un policier nous a fait un long discours sur les drogues aujourd'hui. Quel croulant ! Il n'a fait qu'essayer de nous faire peur.** »

- *Te faire peur ? Il essaie de te faire entrer un peu de bon sens dans la tête.*
- *Si jamais je t'attrape à consommer de la drogue, tu auras de quoi avoir vraiment peur.*
- *Votre problème, à vous, les jeunes, c'est que vous croyez tout savoir. Eh bien, crois-moi, tu as des tas de choses à apprendre.*

« **Au diable ma fièvre. Pas question de manquer ce concert !** »
- *C'est ce que tu crois. Tu n'iras nulle part, ce soir, sauf dans ton lit.*
- *Pourquoi veux-tu faire pareille bêtise ? Tu es encore malade.*
- *Ce n'est pas la fin du monde. Il y aura encore plein de concerts. Pourquoi ne pas écouter le dernier disque de ce groupe, les yeux fermés, en prétendant que tu es au concert ?*

— Ouais ! Ça devrait faire l'affaire, a dit Michael en s'étranglant de rire.

— En fait, ai-je enchaîné, rien de ce que j'ai entendu n'a vraiment fait mouche pour moi, votre enfant. Vous avez mis mes sentiments de côté, ridiculisé mes idées, critiqué mon jugement et vous m'avez donné des conseils que je n'avais pas demandés. Et vous avez fait tout ça avec une telle facilité ! Comment se fait-il ?

— Parce que c'est ce que nous avons en tête, a répondu Laura. C'est ce que nous avons entendu quand nous étions enfants. C'est ce qui nous vient naturellement.

— Je crois également, ai-je poursuivi, que c'est naturel pour des parents d'écarter des sentiments pénibles ou bouleversants. Nous avons du mal à écouter nos ados exprimer leur confusion, leur ressentiment, leur déception, leur découragement. Nous ne supportons pas de les voir malheureux. C'est donc avec les meilleures intentions du monde que nous écartons leurs sentiments pour leur imposer notre logique d'adultes. Nous voulons leur montrer la *bonne* façon de se sentir. Et pourtant, c'est notre écoute qui peut leur fournir le plus grand réconfort. C'est en accueillant leurs sentiments pénibles que nous permettons à nos enfants de les affronter plus facilement.

— Bigre ! s'est exclamé Jim. Si ma femme était ici ce soir, elle dirait : « Tu vois ? C'est ce que je m'évertue à te dire. Garde ta logique pour toi. Ne pose pas tant de questions. Ne me dis pas ce que j'ai fait de mal, ni ce que je devrais faire la prochaine fois. Contente-toi d'*écouter* ! »

— Vous savez ce que je viens de réaliser ? a ajouté Karen. La plupart du temps, je suis vraiment à l'écoute – de tout le monde sauf de mes enfants. Si c'est une amie qui est bouleversée, il ne me viendrait même pas à l'idée de lui dire quoi faire. Mais avec mes enfants, c'est une tout autre histoire. Il faut que je m'en mêle. Peut-être parce que je les écoute avec mes oreilles de mère. Et en tant que mère, je sens que je dois régler des choses.

— Voilà le grand défi, ai-je ajouté. Passer de l'idée qu'il me faut régler les choses à l'idée de rendre mes enfants capables de les régler eux-mêmes.

J'ai sorti de mon porte-documents des bandes dessinées que j'avais préparées pour cette première rencontre.

— Sous forme de bandes dessinées, voici quelques principes et habiletés de base qui peuvent être utiles à nos ados quand ils sont inquiets ou contrariés. Dans chaque cas, vous pourrez constater un contraste entre le genre de discours qui peut augmenter leur détresse et celui qui peut les aider à y faire face. Il n'existe aucune garantie que nos paroles vont produire les résultats positifs que vous voyez ici, mais au moins, elles ne causent aucun tort.

Au lieu d'écarter les sentiments...

La mère ne veut pas qu'Amélie se sente mal. Mais en ne prenant pas au sérieux la détresse de sa fille, elle l'amplifie sans le vouloir.

Décrivez les pensées et les sentiments

La mère ne peut chasser toute la peine d'Amélie, mais en formulant les pensées et les sentiments de sa fille, elle l'aide à faire face à la réalité et à trouver le courage de continuer.

Au lieu de faire fi des sentiments…

La mère a de bonnes intentions. Elle veut que son fils réussisse à l'école. Mais en critiquant son comportement, en faisant fi de ses préoccupations, en lui disant quoi faire, elle augmente la difficulté qu'il éprouve à se dire à lui-même ce qu'il doit faire.

Accueillez les sentiments à l'aide d'un mot ou d'un son (Oh… Mmm… Euh… Je vois.)

Les réponses empathiques minimales de la mère aident son fils à se sentir compris et le rendent libre de se concentrer sur ce qu'il doit faire.

Au lieu d'utiliser la logique ou les explications...

Quand le père répond à la requête déraisonnable de sa fille par une explication raisonnable, elle devient encore plus frustrée.

Utilisez l'imaginaire pour offrir ce que vous ne pouvez lui donner en réalité

En utilisant l'imaginaire pour donner à sa fille ce qu'elle désire, le père lui rend la réalité un peu plus facile à accepter.

Au lieu de dire oui, tout en vous faisant violence...

En vue de faire plaisir à son fils et d'éviter une dispute, la mère met de côté son propre jugement et choisit une solution de facilité.

Accueillez les sentiments tout en rectifiant le comportement indésirable

En montrant à son fils qu'elle comprend sa fâcheuse situation, la mère lui facilite l'acceptation des limites qu'elle lui fixe avec fermeté.

Les commentaires ont commencé à fuser avant même que chacun ait terminé sa lecture.

— Vous êtes sûrement venue faire un tour chez moi ! Tout ce qu'on ne devrait pas dire ressemble à ce que je dis.

— Ce qui m'agace, c'est que chacun de ces scénarios se termine trop bien. Mes enfants ne céderaient jamais si facilement.

— Mais il ne s'agit pas d'amener les enfants à céder. Il s'agit d'essayer d'entendre comment ils se sentent réellement.

— Ouais, mais pour y arriver, il faut écouter d'une autre manière.

— Et parler de façon différente. C'est comme apprendre une toute nouvelle langue.

— Et pour arriver à parler couramment une langue, ai-je ajouté, pour qu'elle devienne votre propre langue, il est nécessaire de faire des exercices. Commençons dès maintenant. Supposons qu'une fois de plus, je suis votre ado. Je vais exprimer les mêmes inquiétudes que tout à l'heure, mais cette fois, vous – papa, maman – vous allez réagir en utilisant l'une ou l'autre des habiletés que vous venez de voir dans les bandes dessinées.

Ils se sont tout de suite mis à feuilleter leurs documents. Je leur ai donné un peu de temps avant de lancer ma liste d'inquiétudes. Certaines réponses sont survenues rapidement ; d'autres ont mis plus de temps. Les gens commençaient une phrase, s'arrêtaient, la reformulaient, et trouvaient finalement les expressions qui les satisfaisaient.

« **Je ne sais pas si je veux aller à l'université.** »

- *Tu sembles avoir de véritables doutes à ce sujet.*
- *Tu te demandes si les études universitaires te conviennent.*
- *Tu sais ce qui serait cool ? Si tu pouvais voir dans une boule de cristal ce que deviendrait ta vie en ne faisant pas d'études universitaires… ou en les faisant.*

« **Pourquoi faut-il toujours que ce soit moi qui sorte les poubelles ?** »
- *Je me rends compte à quel point ça te pèse.*
- *Ce n'est pas ton activité favorite. Demain, on pourra discuter de la rotation des tâches ménagères. Pour le moment, j'ai besoin de ton aide.*
- *Ce serait génial si les poubelles bougeaient par elles-mêmes !*

« **Un policier nous a fait un long discours sur les drogues aujourd'hui. Quel croulant ! Son seul but était de nous faire peur.** »
- *Ainsi, tu trouves qu'il exagérait – qu'il essayait d'effrayer les jeunes pour qu'ils ne touchent pas aux drogues.*
- *Les tactiques de peur te déplaisent vraiment.*
- *Tu sembles souhaiter que les adultes renseignent les jeunes de façon franche en comptant sur leur capacité de prendre des décisions responsables.*

« **Au diable ma fièvre. Pas question de manquer ce concert !** »
- *Quelle malchance d'être malade – particulièrement aujourd'hui ! Voilà des semaines que tu attends ce concert.*
- *Je sais. Tu tenais beaucoup à ce concert. Le problème, c'est qu'une fièvre de 40°, ça exige l'alitement.*
- *Même si tu sais qu'il y aura plein d'autres concerts, c'est celui-ci que tu aurais voulu ne pas rater.*

Une fois l'exercice terminé les gens semblaient contents d'eux-mêmes.

— Je crois que je commence à comprendre, a commenté Laura. L'idée, c'est d'essayer de mettre en mots ce que l'on croit que l'enfant ressent, tout en se retenant d'exprimer nos propres sentiments.

— C'est ce que je conteste, a coupé Jim. Quand viendra ma chance de dire ce que moi je ressens, ce que moi je veux dire ? Par exemple : « Les tâches ménagères, c'est une contribution à la vie de famille. Poursuivre des études, c'est un privilège ; ça peut transformer ta vie. Prendre de la drogue, c'est débile ; ça peut gâcher ta vie. »

— Ouais ! a acquiescé Michael. Après tout, nous sommes les parents. Quand pourrons-nous parler de nos propres croyances ou de nos propres valeurs ?

— Il y aura toujours un moment où vous pourrez présenter votre point de vue, ai-je répondu. Mais vous augmenterez vos chances d'être entendus si vous faites d'abord savoir à vos enfants qu'ils ont été entendus. Et même là, il n'y a aucune garantie. Ils peuvent vous accuser de ne rien comprendre, d'être déraisonnables ou vieux jeu. Mais ne vous y trompez pas. En dépit de leurs critiques et de leurs protestations, vos ados veulent savoir exactement à quoi s'en tenir. Vos valeurs et vos croyances influencent leurs choix de façon cruciale.

J'ai pris une grande respiration. Nous avions abordé beaucoup de sujets au cours de la soirée. Il était temps pour les parents de rentrer chez eux et de mettre à l'essai ce qu'ils avaient appris. Jusque là, ils avaient été portés par la force de mes convictions. Ces convictions ne deviendraient véritablement les leurs que s'ils mettaient en pratique les habiletés auprès de leurs propres ados tout en observant les résultats.

— À la semaine prochaine ! ai-je conclu. J'ai hâte de vous entendre parler de vos expériences.

Les récits

J'ignorais quels résultats découleraient de cette première rencontre. C'est une chose d'essayer d'appliquer de nouveaux principes à des problèmes hypothétiques, au cours d'un atelier, en compagnie d'autres parents. C'en est une tout autre de faire face à de vrais enfants et à de vrais problèmes, seul à la maison. Et pourtant, c'est précisément ce qu'ont fait de nombreux participants.

Voici un échantillon de leurs expériences, présentées ici avec des corrections mineures. (On peut noter que la plupart de ces récits proviennent des personnes qui avaient participé activement lors de la rencontre. Toutefois, d'autres viennent de la plume de parents qui avaient à peine pris part aux discussions mais qui désiraient tout de même exprimer – par écrit – la façon dont leurs nouvelles habiletés avaient influencé leur relation avec leurs ados.)

JOAN

Récemment, ma fille Rachel semblait broyer du noir. Mais chaque fois que je lui demandais ce qui n'allait pas, elle répondait :

— Rien.

— Comment puis-je t'aider si tu ne me dis rien ?

— Je ne veux pas en parler.

— Tu te sentirais peut-être mieux si tu en parlais.

Elle me lançait alors un regard et ça s'arrêtait là. Mais après notre discussion de groupe, la semaine dernière, j'ai décidé d'essayer la *nouvelle approche.*

— Rachel, tu sembles tellement malheureuse dernièrement. Je ne sais pas de quoi il s'agit, mais il y a quelque chose qui te bouleverse vraiment.

Des larmes se sont mises à couler sur ses joues. Petit à petit, l'histoire est sortie. Les deux filles qui avaient été ses amies depuis qu'elle fréquente l'école faisaient maintenant partie d'une nouvelle bande populaire et elles la tenaient à l'écart. Elles ne lui gardaient plus sa place durant le goûter, comme elles le faisaient auparavant ; elles ne l'invitaient plus à aucune de leurs fêtes. C'est à peine si elles la saluaient quand elles la croisaient dans le couloir. Rachel était même certaine que l'une d'elles avait envoyé à d'autres jeunes un message électronique disant qu'elle portait des vêtements démodés qui la faisaient paraître grosse et qui n'étaient même pas griffés.

J'étais sous le choc. J'avais entendu dire que ce genre de choses se passaient à l'école, et je savais que certaines filles pouvaient se montrer très cruelles. J'étais toutefois loin d'imaginer qu'une chose pareille puisse arriver à ma fille.

Tout ce que je voulais, c'était lui enlever sa peine. Lui dire d'oublier ces sales filles mesquines. Qu'elle se ferait de nouvelles amies. De meilleures amies. Des amies qui sauraient apprécier la fille superbe qu'elle est. Mais je n'ai rien dit de tel. À la place, je n'ai parlé que de ses sentiments.

— C'est très dur, ma chérie. Découvrir que des personnes à qui tu faisais confiance et que tu considérais comme des amies ne sont pas vraiment tes amies. Ça doit être pénible.

— Comment peuvent-elles être si méchantes ! a-t-elle répondu en pleurant encore plus fort.

Puis, elle m'a parlé d'une autre camarade dont elles se payaient la tête dans Internet en disant qu'elle sentait la sueur et la pisse.

Je n'en croyais pas mes oreilles. J'ai dit à Rachel que ce genre de comportement en disait beaucoup plus long sur elles-mêmes que sur les personnes qu'elles visent. De toute évidence, ce qu'elles ont trouvé de mieux pour affirmer leur statut particulier de membre du groupe *branché*, c'est de s'assurer d'en exclure toutes les autres.

Elle a hoché la tête. Nous avons ensuite longuement parlé des vraies amies et des fausses amies et de la façon de distinguer les unes des autres. Au bout de quelque temps, j'ai vu qu'elle commençait à se sentir un peu mieux.

Mais je ne pouvais en dire autant à mon sujet. Le lendemain, après le départ de Rachel pour l'école, j'ai pris contact avec sa conseillère d'orientation en lui disant que je voulais lui parler d'un sujet confidentiel dont elle serait sûrement désireuse d'être mise au courant.

Je n'avais aucune idée du genre de réponse qu'elle me donnerait, mais elle a été très correcte. Elle m'a dit qu'elle était très heureuse de mon appel, car récemment, elle entendait de plus en plus parler de ce qu'elle appelait du *cyber-harcèlement.* Elle avait l'intention d'en parler à la direction afin de trouver un moyen d'aider tous les élèves à comprendre combien ce type d'injures et de harcèlement par Internet peut être nuisible.

À la fin de notre conversation, je me sentais beaucoup mieux. En fait, je me suis mise à penser : *Qui sait ? Il sortira peut-être quelque chose de bon de tout ceci.*

Jim

Mon fils aîné occupe un emploi à temps partiel dans un établissement de restauration rapide. Samedi dernier, à son retour du travail, il a lancé son sac à dos sur la table en jurant après son patron. La moitié de ses paroles étaient des gros mots.

Quand le patron lui avait demandé s'il pouvait faire des heures supplémentaires le week-end, mon fils lui avait répondu : « Peut-être. » Le samedi matin, il s'est présenté au travail, mais au moment où il allait dire au patron qu'il était disponible, il a appris que le salaud (pour citer mon fils) avait trouvé quelqu'un d'autre.

Eh bien, fiston a eu de la chance que je garde pour moi ce que je voulais vraiment lui dire : « Pourquoi es-tu surpris ? À quoi tu t'attendais ? Arrête tes enfantillages ! Comment crois-tu qu'un homme peut diriger une entreprise quand un employé lui dit que *peut-être* il va travailler ? Impossible de s'appuyer sur des *peut-être.* »

Mais j'ai retenu mes sermons. Et je n'ai même pas mentionné ses jurons – pour cette fois. Voici ce que j'ai plutôt dit :

— Donc, il ne t'a pas semblé qu'il fallait lui donner sur-le-champ une réponse définitive.

— Non, a-t-il répondu. J'avais besoin d'y penser !

— Oui.

— Y a pas que le travail dans ma vie, tu sais !

J'ai pensé : « *Ça ne marche pas, ce truc-là.* »

Puis, de façon complètement inattendue, il a dit :

— Je pense que j'ai fait une gaffe. J'aurais dû lui téléphoner à mon retour à la maison au lieu de le laisser dans le doute.

Qu'en pensez-vous ? Je lui ai manifesté un petit peu de compréhension et il a reconnu ce qu'il aurait dû faire en premier lieu !

LAURA

Quelques jours après notre rencontre, j'ai emmené ma fille s'acheter un jeans. Grave erreur. Rien de ce qu'elle essayait ne lui plaisait. La coupe, la teinte ou la marque faisaient toujours défaut. Finalement, elle a trouvé un modèle qu'elle aimait. Il était à taille basse et tellement ajusté qu'elle pouvait à peine en remonter la fermeture éclair. Il lui moulait tout le postérieur.

Je n'ai pas dit un mot. Je l'ai simplement laissée dans la cabine d'essayage et suis allée lui chercher la taille au-dessus. À mon retour, elle s'admirait toujours dans la glace. Elle a jeté un coup d'œil au pantalon que je lui tendais et s'est mise à hurler :

— Je ne vais pas essayer celui-là ! Tu veux que j'aie l'air moche ! Parce que tu es grosse, tu crois que tout le monde devrait porter des vêtements amples. Moi, je ne vais pas cacher mon corps comme tu le fais !

J'étais tellement blessée, tellement fâchée, que j'ai bien failli la traiter de petite garce. Mais je ne l'ai pas fait. J'ai simplement dit : « Je t'attends dehors. » Je n'en pouvais plus.

— Et mon jeans ? a-t-elle demandé.

— Je vais t'attendre dehors, ai-je répété, puis je l'ai laissée dans la cabine d'essayage.

Quand elle en est finalement sortie, ce dont j'avais le moins envie, c'était de reconnaître ses sentiments, mais je l'ai fait quand même.

— Je sais que tu aimes ce jeans. Et je sais que tu es contrariée parce que je ne suis pas d'accord.

Ensuite, je lui ai dit comment je me sentais.

— Quand on me parle de cette façon, quelque chose en moi se referme. Je n'ai plus le goût de faire des achats, d'aider qui que ce soit, ou même de parler.

Ni elle ni moi n'avons prononcé une parole sur le chemin du retour. Mais juste avant d'arriver, elle a murmuré : « Désolée. »

En fait d'excuses, c'était plutôt mince, mais tout de même, j'étais contente de l'entendre. J'étais également contente d'avoir évité de lui dire des choses dont j'aurais ensuite dû m'excuser.

Linda

J'ignore si ma relation avec mon fils s'est améliorée, mais je crois avoir fait des progrès avec ses amis. Il s'agit de jumeaux de treize ans, Nick et Justin, très brillants l'un comme l'autre, mais indisciplinés. Ils fument (pas seulement des cigarettes, je crois) et ils font de l'auto-stop. Une fois, alors que leurs parents les avaient privés de sortie, ils sont sortis par la fenêtre de leur chambre et se sont rendus au centre commercial.

Mon fils est flatté de leur intérêt à son égard, mais je suis inquiète. Je suis certaine qu'il a fait de l'auto-stop avec eux, même s'il le nie. Si je m'écoutais, je lui défendrais de les voir ailleurs qu'à l'école. Mais mon mari prétend que ça ne ferait qu'empirer les choses et que fiston trouvera bien un moyen de les voir quand même et de mentir à ce sujet.

Au cours du mois dernier, notre stratégie a donc consisté à inviter les jumeaux à prendre un repas avec nous le samedi. Nous croyons que, s'ils sont chez nous, nous pouvons les avoir à l'œil tous les trois et les conduire là où ils le désirent.

Nous nous sommes dit qu'au moins ce soir-là, nous saurions qu'ils ne sont pas sur quelque route sombre, le pouce en l'air, en train d'attendre qu'un étranger les fasse monter dans sa voiture.

Malgré toute cette stratégie, nous n'étions jamais arrivés à engager la conversation avec l'un ou l'autre des jumeaux. Mais après l'atelier de la semaine dernière, nous avons accompli un peu de progrès.

Ils avaient l'un et l'autre des choses à dire contre leur enseignant de science qu'ils traitent de pauvre type stupide. Normalement, nous nous serions portés à la défense de l'enseignant. Mais pas cette fois. Nous avons plutôt tenté de tenir compte des sentiments des jumeaux à son endroit. Mon mari a dit :

— Voilà un enseignant que vous n'aimez vraiment pas.

— Il est tellement ennuyeux ! a renchéri l'un d'eux. Il crie après toi sans aucune raison. Et s'il te pose une question et que tu sèches, il te critique devant tout le monde.

— Nick, ai-je dit, je parie que si Justin et toi étiez des enseignants, vous éviteriez de crier après les jeunes ou de les rabaisser lorsqu'ils ignorent une réponse.

— Pour sûr ! ont-ils répondu d'une seule voix.

— Et vous ne seriez pas ennuyeux, ni l'un ni l'autre, a ajouté mon mari. Les élèves auraient de la chance si vous étiez leurs enseignants.

Ils se sont regardés et se sont mis à rire. Mon fils en était bouche bée. Il ne pouvait pas croire que ses amis *cool* étaient en train de converser avec ses parents *pas cool*.

KAREN

Hier soir, Stacey et moi étions en train de regarder un vieil album de photos. J'ai attiré son attention sur une photo d'elle sur son vélo à l'âge de six ans.

— Regarde comme tu étais jolie !

— Ouais, à l'époque.

— Pourquoi tu dis cela ?

— Je ne suis pas aussi jolie maintenant.

— Ne fais pas l'idiote. Tu es très bien.

— Non. Je suis moche. Mes cheveux sont trop courts, mes seins trop petits, mon derrière trop gros.

Ça me bouleverse toujours quand elle parle d'elle-même de cette façon. Ça me rappelle les inquiétudes que j'avais moi-même à son âge, et les conseils dont m'inondait ma mère sur la manière d'améliorer mon apparence : « Tiens-toi droite !... Redresse les épaules... Change de coiffure... Maquille-toi un peu... Tu as une mine de papier mâché ! »

Hier, quand Stacey a commencé à se déprécier, ma réaction spontanée aurait été de la rassurer : « Ton derrière est parfait ; tes cheveux vont pousser et tes seins aussi. Et s'ils ne le font pas, tu pourras toujours porter un soutien-gorge rembourré. »

C'est le genre de choses que *j'aurais* dites. Mais cette fois, j'ai pensé : *Très bien. Je vais tenir compte de ses sentiments.* J'ai passé mon bras autour de ses épaules en disant :

— Tu n'as pas du tout l'air satisfaite de ton apparence... Tu sais ce que je souhaiterais ? La prochaine fois que tu te regarderas dans une glace, je souhaiterais que tu puisses voir ce que je vois.

— Qu'est-ce que tu vois ? a-t-elle demandé, soudain intéressée.

Je lui ai dit la vérité :

— Je vois une fille belle à l'intérieur comme à l'extérieur.

— Oh, parole de mère ! a-t-elle répliqué en quittant la pièce.

Un moment plus tard, je l'ai vue qui posait devant la grande glace du couloir. La main sur la hanche, elle s'adressait un véritable sourire.

Michael

Vous vous souvenez ? J'avais mentionné l'attitude négative de mon fils par rapport à l'école. Eh bien, le lendemain de notre rencontre, il avait sa mauvaise humeur habituelle au petit déjeuner. Il se traînait les pieds dans la cuisine en se plaignant de la pression qu'il avait à subir. Il avait deux épreuves exigeantes à passer le même jour : l'espagnol et la géométrie.

J'ai failli lui répéter ce que je lui dis toujours quand il nous fait son numéro : « Si tu faisais tes devoirs et étudiais comme tu devrais le faire, tu n'aurais pas à t'inquiéter à propos de ces contrôles. » Mais ma femme m'a poussé du coude en me lançant un de ces regards, et je me suis rappelé le truc à propos de l'imaginaire.

— Quel soulagement ce serait si on annonçait soudain à la radio : On prévoit de la neige aujourd'hui. Avis de violente tempête ! Toutes les écoles sont fermées !

Ça l'a pris au dépourvu. En fait, il a souri. Alors, j'en ai rajouté.

— Tu sais ce qui serait encore plus marrant ? Ce serait qu'il y ait une tempête de neige chaque fois que tu dois passer un examen !

Avec une sorte de demi-sourire, il a dit :

— Ouais… J'aimerais bien !

Mais quand le moment est venu de partir pour l'école, son humeur s'était améliorée.

Steven

Voilà plus d'un an que je suis remarié. Depuis le premier jour, Amy, ma fille de quatorze ans, n'accepte pas ma nouvelle femme. Chaque fois que je vais chercher Amy chez sa mère pour un week-end en compagnie de Carole et moi, c'est la même histoire. Dès qu'elle monte dans la voiture, elle trouve quelque chose à critiquer à propos de Carole.

Peu importe ce que je dis à Amy, impossible de rien lui faire entendre. J'essaie de lui faire voir qu'elle est injuste envers Carole et qu'elle ne lui donne aucune chance, alors que Carole fait de gros efforts pour devenir son amie. Mais plus je parle, plus elle essaie de me prouver le contraire.

Heureusement que je suis venu à l'atelier la semaine dernière, car le dimanche suivant, quand je suis passé chercher Amy, elle a tout de suite recommencé.

— Je déteste aller chez toi. Carole ne nous quitte pas d'une semelle. Qu'est-ce qui t'a pris d'en faire ta femme ?

J'étais incapable de traiter du sujet tout en conduisant. J'ai donc quitté la route et j'ai coupé le moteur. Tout ce qui me venait à l'esprit, c'était : *Calme-toi. Ne discute pas avec elle. N'essaie même pas de la raisonner. Contente-toi de l'écouter, cette fois. Laisse-la exprimer tout ce qu'elle a sur le coeur.* J'ai donc dit :

— D'accord, Amy. Ce que tu ressens à ce sujet, c'est très fort. Y a-t-il autre chose ?

— Tu ne veux pas entendre ce que j'ai à dire. Tu ne m'écoutes jamais.

— Je t'écoute à présent. Je m'aperçois que tu es très en colère et très malheureuse.

Eh bien, c'était parti. Une longue liste de doléances a suivi.

— Elle n'est pas aussi douce que tu le crois… C'est un faux jeton… La seule personne qui compte pour elle, c'est toi... Elle fait seulement semblant d'avoir de l'affection pour moi.

Pas une seule fois je n'ai pris la défense de Carole, ni tenté de convaincre Amy qu'elle avait tort. J'ai juste émis des *Oh…* et des *Mmm…* et j'ai écouté.

À la fin, elle a soupiré et a ajouté :

— Oh, à quoi ça sert ?

— Ça sert à quelque chose, ai-je répondu. Parce que c'est important pour moi de savoir comment tu te sens.

Elle m'a regardé et j'ai vu des larmes dans ses yeux.

— J'ai une idée. Il faudra s'assurer de passer plus de temps ensemble pendant le week-end – juste nous deux.

— Et Carole ? Elle ne sera pas fâchée ?

— Carole va comprendre, ai-je conclu.

Bref, un peu plus tard ce jour-là, nous avons fait, Amy et moi, une longue promenade avec le chien dans le parc. Je ne peux pas prouver qu'il y a un lien, mais pour Carole, Amy et moi, ce fut notre meilleur week-end ensemble.

Aide-mémoire

ACCUEILLEZ LES SENTIMENTS DE VOTRE ADO

L'ado : *« Oh non ! Qu'est-ce que je vais faire ? J'avais promis aux Gordon que je garderais leur enfant samedi, et maintenant, Lisa m'appelle et m'invite à coucher chez elle ! »*

Le parent :

« Voici ce que tu devrais faire... »

AU LIEU D'ÉCARTER LES SENTIMENTS DE VOTRE ADO ET DE LUI DONNER UN CONSEIL :

Accordez dans l'imaginaire ce que vous ne pouvez donner en réalité :
— Comme ce serait pratique de te cloner ! L'une de vous deux pourrait garder les enfants, l'autre pourrait aller coucher chez Lisa.

Décrivez les pensées et les sentiments :
— Tu sembles partagée entre deux possibilités. Tu veux aller chez Lisa, mais tu ne veux pas décevoir les Gordon.

Accueillez les sentiments par un mot ou un son :
— Oui.

Acceptez les sentiments tout en redirigeant le comportement :
— J'entends que tu préfères aller chez Lisa. Le problème, c'est que tu as donné ta parole aux Gordon. Ils comptent sur toi.

2

Nous continuons de *vérifier*

J'AVAIS HÂTE DE COMMENCER LA RENCONTRE DE CE SOIR. À la fin de la précédente, Jim m'avait prise à part pour m'exprimer sa frustration. Il était incapable d'obtenir de ses ados qu'ils fassent ce qu'il leur demandait, au moment qu'il le voulait. J'avais reconnu sa difficulté, puis je lui avais demandé s'il pouvait tenir encore une semaine, car nous allions alors explorer ce thème en profondeur.

Une fois tout le monde en place, j'ai écrit au tableau le thème de la soirée :

Des habiletés pour susciter la coopération

« Commençons par le commencement, ai-je dit. Quand nos enfants étaient petits, nous passions une bonne partie de notre temps à vérifier. Vérifier s'ils s'étaient lavé les mains et brossé les dents, s'ils avaient mangé leurs légumes, s'ils s'étaient mis au lit à l'heure, s'ils n'avaient pas oublié de dire s'il vous plaît et merci.

« Nous nous assurions également qu'ils n'avaient pas fait ce qu'il ne faut pas faire : courir dans la rue, grimper sur la table, lancer du sable, frapper, cracher ou mordre.

« Nous avions espéré qu'en franchissant le seuil de l'adolescence, ils auraient appris la plupart des leçons. Déception et exaspération : nous nous retrouvons toujours au poste, en train de *vérifier*. Certes, nos ados ne mordent plus et ne grimpent plus sur la table, mais la plupart d'entre eux ont encore besoin qu'on leur rappelle de faire leurs devoirs, d'accomplir des tâches ménagères, de manger de façon sensée, de prendre un bain régulièrement, de dormir suffisamment et de se lever à l'heure. Nous nous assurons toujours également qu'ils évitent de faire certaines choses. *Ne t'essuie pas la bouche sur ta manche... Ne jette pas tes vêtements sur le sol... N'accapare pas le téléphone... Ne me parle pas sur ce ton !*

« Chaque foyer est unique. Chaque père, chaque mère est unique. Chaque ado est unique. Parmi les choses que votre ado doit faire ou éviter de faire au cours d'une journée, lesquelles devez-vous *vérifier*, selon vous ? Commençons par la matinée. »

Sans la moindre hésitation, ils se sont mis à parler.

- *Je m'assure qu'il ne se rendort pas après la sonnerie du réveil.*
- *Qu'elle ne saute pas son petit-déjeuner.*
- *Qu'il ne porte pas les mêmes vêtements trois jours de suite.*
- *Qu'elle ne monopolise pas la salle de bain sans tenir compte des autres.*
- *Qu'il n'arrive pas en retard à son premier cours en ratant le bus une fois de plus.*
- *Qu'il ne provoque pas une dispute avec sa sœur.*
- *Qu'elle n'oublie pas ses clés et son argent pour la cantine.*

— Et l'après-midi ? ai-je demandé. Qu'y a-t-il sur votre liste de vérification ?

- *Appelle-moi au travail dès ton retour.*
- *Promène le chien.*
- *Commence tes devoirs.*
- *Ne mange pas de cochonneries.*
- *N'invite pas d'amis de l'autre sexe si je ne suis pas là.*
- *N'oublie pas de travailler ton piano (violon, saxophone).*
- *Ne sors pas sans me dire où tu vas.*
- *N'agace pas ta sœur.*

— Nous voilà arrivés au soir, ai-je poursuivi. Qu'est-ce que vos ados doivent faire ou éviter de faire ?

Ils ont réfléchi quelques instants, puis…

- *Ne t'enferme pas dans ta chambre. Passe du temps avec la famille.*
- *Ne tambourine pas sur la table.*
- *Ne t'avachis pas sur ta chaise.*
- *Ne passe pas la soirée au téléphone. Termine tes devoirs.*
- *Ne passe pas la nuit à l'ordinateur. Termine tes devoirs.*
- *Pour une fois, réponds oui quand je te demande de faire quelque chose.*
- *Pour une fois, réponds-moi quand je te demande ce qui ne va pas.*
- *Ne vide pas le réservoir d'eau chaude en prenant ta douche.*
- *N'oublie pas de porter ton appareil dentaire avant de te mettre au lit.*
- *Ne veille pas trop tard. Tu seras épuisée demain matin.*

— Je me sens épuisée rien qu'à vous entendre, a soupiré Laura. Pas étonnant que je sois éreintée à la fin de la journée.

— Il n'y a jamais de répit, a ajouté une femme du nom de Gail. Je suis toujours après mes garçons : je pousse, je secoue, je donne du coude pour les amener à faire ceci ou cela. Et c'est pire depuis mon divorce. Parfois, j'ai l'impression d'être un sergent instructeur.

— J'ai un autre point de vue, a répliqué Michael. Je pense que vous agissez en mère responsable. Vous êtes à votre poste, vous faites ce que les parents sont censés faire.

— Alors, comment se fait-il, a demandé Gail, d'un air piteux, que mes enfants ne font pas ce qu'ils sont censés faire, eux ?

— Ce que ma fille croit être censée faire, a répondu Laura, c'est d'en faire voir de toutes les couleurs à sa mère. Elle argumente avec moi à propos de la moindre chose. Si je dis : « Débarrasse ta chambre de tes assiettes sales, s'il te plaît », elle répond : « Arrête de me casser les pieds. Tu es toujours sur mon dos. »

Les chuchotements indiquaient que les membres du groupe connaissaient bien cette situation.

— Donc, avec les ados, la demande la plus simple, la plus raisonnable, peut déclencher une brève altercation ou un long combat, ai-je enchaîné. Afin de mieux comprendre le point de vue de nos enfants, essayons de nous mettre à leur place. Voyons quelle serait notre propre réaction face aux méthodes que nous utilisons souvent avec eux pour les amener à faire ce que nous voulons qu'ils fassent. Je vais jouer le rôle de votre mère ou de votre père. Écoutez-moi avec des *oreilles d'ados,* puis laissez sortir votre réaction immédiate, impulsive, sans la censurer.

Voici les différentes approches dont j'ai fait la démonstration, et voici comment ont réagi mes *ados.*

Les blâmes et les accusations : « Encore une fois ! Tu as mis de l'huile dans la casserole, tu as monté la chaleur au maximum et tu es partie. Ça va pas, non ? Tu aurais pu mettre le feu ! »

- *Arrête de crier après moi.*
- *Je ne suis pas partie longtemps.*
- *Il fallait que j'aille aux toilettes.*

Les insultes : « Comment as-tu pu oublier de cadenasser ton nouveau vélo ? C'est complètement idiot ! Pas étonnant qu'on te l'ait volé. Je ne te croyais pas si écervelé ! »

- *Je suis stupide.*
- *Je suis écervelé.*
- *Je ne fais rien de bien.*

Les menaces : « Si les tâches ménagères n'ont pas d'importance pour toi, je ne vois pas l'importance de te donner de l'argent de poche. »

- *La garce !*
- *Je te déteste.*
- *Je serai bien content le jour où je quitterai cette maison.*

Les ordres : « Je veux que tu éteignes la télé et que tu commences tes devoirs. Cesse de te dérober. Fais-le *maintenant* ! »

- *Je ne veux pas le faire maintenant.*
- *Cesse de me casser les pieds.*
- *Je ferai mes devoirs quand j'en aurai envie.*

La morale, les sermons : « Il faut qu'on parle de quelque chose. Tu fais des rots à table. Pour toi, c'est peut-être juste une plaisanterie, mais en fait, il s'agit de mauvaises manières. Que tu le veuilles ou non, les gens nous jugent d'après nos manières. Alors, si tu dois faire un rot, couvre au moins ta bouche avec ta serviette en disant : "Excusez-moi." »

- *Qu'est-ce que tu disais ? Je n'écoutais plus.*
- *J'ai envie de roter.*
- *C'est tellement superficiel. Les manières sont peut-être importantes pour toi, mais pas pour moi.*

Les avertissements : « Je te préviens. Si tu commences à te tenir avec cette bande, tu t'attires de graves ennuis. »

- *Tu ne sais rien sur le compte de mes amis.*
- *Tes amis à toi, qu'est-ce qu'ils ont de si sensass ?*
- *Pense ce que tu veux. Je sais ce que je fais.*

Le recours à la pitié : « Je te demande de faire une toute petite chose pour moi et c'est encore trop pour toi. Je ne comprends pas. Je travaille tellement fort pour te donner tout ce dont tu as besoin, et c'est le remerciement que je reçois. »

- *D'accord. Je suis une enfant détestable.*
- *C'est ta faute si je suis comme ça. Tu m'as gâtée.*
- *Je me sens tellement coupable.*

Les comparaisons : « Ce n'est pas un hasard que ta sœur reçoit tous les appels. Si tu faisais le moindre effort pour te montrer amical et extraverti comme elle, tu serais populaire toi aussi. »

- *C'est un faux jeton.*
- *Je déteste ma sœur.*
- *Tu l'as toujours aimée plus que moi !*

Le sarcasme : « Ainsi, tu sors directement d'une séance d'entraînement de basket et tu veux aller danser sans prendre de douche. Tu vas sentir drôlement bon ! Les filles vont faire la queue juste pour s'approcher de toi.»

- *Ha, ha… tu te crois telllllllement drôle.*
- *Tu ne sens pas très bon toi-même.*
- *Pourquoi tu ne dis pas clairement ce que tu veux dire ?*

Les prédictions : « Tu passes ton temps à mettre tes problèmes sur le dos des autres. Tu n'en prends jamais la responsabilité. Si tu continues comme ça, je te garantis que tes problèmes vont seulement empirer et que tu ne pourras t'en prendre qu'à toi-même. »

- *Je n'aurai jamais de veine.*
- *Je suis un cas désespéré.*

- *Je suis voué à l'échec.*

— Assez ! J'ai une attaque de culpabilité, s'est écriée Laura. Ça ressemble trop au genre de choses que je dis à ma fille. Mais à l'instant même, quand je les entends avec des oreilles d'enfant, ces paroles me paraissent horribles. J'écoute tout cela et je m'en veux terriblement.

Jim avait l'air bouleversé.

— À quoi pensez-vous ? lui ai-je demandé.

— Je pense qu'un tas de choses que vous avez présentées me semblent douloureusement familières. Comme je le mentionnais la semaine dernière, mon père n'a jamais hésité à me rabaisser. J'essaie de ne pas agir comme lui avec mes propres enfants, mais j'entends parfois ses mots à lui sortir de ma propre bouche.

— Je sais ! Parfois, je sens que je me transforme en ma propre mère, a ajouté Karen. Je m'étais pourtant juré de ne jamais le faire.

— D'accord, s'est écriée Gail. Nous savons maintenant ce qu'il faut éviter de dire. Quand allons-nous aborder ce que nous *pouvons* dire ?

— Dès maintenant, ai-je répondu en brandissant les bandes dessinées que j'avais préparées. Mais avant de vous distribuer ceci, rappelez-vous qu'aucune des habiletés de communication que vous allez voir ne donne des résultats à tout coup. Il n'y a pas de paroles magiques qui s'appliquent à chaque ado dans chaque situation. C'est pourquoi il est important de se familiariser avec une variété d'habiletés. Toutefois, en parcourant ces pages, vous allez voir que le principe fondamental derrière tous ces exemples, c'est le respect. C'est notre attitude respectueuse et notre langage respectueux qui permettent à nos ados de nous entendre et de coopérer.

Au lieu de donner des ordres…

Un ordre crée souvent du ressentiment
et de la résistance.

Décrivez le problème

En décrivant le problème, nous invitons nos adolescents à prendre part à la solution.

Au lieu d'attaquer l'adolescent...

Quand nous sommes fâchés, nous lançons parfois à nos adolescents des paroles qui les attaquent ou les humilient. Le résultat ? Ils se replient sur eux-mêmes ou contre-attaquent.

Décrivez ce que vous ressentez

Quand nous décrivons ce que nous ressentons, c'est plus facile pour les enfants de nous entendre et de nous rendre service.

Au lieu de blâmer…

Quand nous leur donnons respectueusement des renseignements simples, ils ont davantage tendance à prendre la responsabilité de ce qui doit être fait.

Donnez des renseignements

Quand nous leur donnons respectueusement des renseignements simples, ils ont davantage tendance à prendre la responsabilité de ce qui doit être fait.

Au lieu de menacer ou de donner des ordres…

Plusieurs adolescents réagissent aux menaces par le défi ou par une docilité maussade.

Donnez-lui le choix

Nous augmentons les chances d'obtenir leur coopération si nous pouvons leur proposer une option qui satisfait nos besoins et les leurs.

Au lieu d'un long discours…

Les adolescents ont tendance à faire la sourde oreille aux longs discours.

Dites-le en un mot

Un bref rappel concentre leur attention et favorise leur coopération.

Au lieu de signaler ce qui ne va pas…

Les adolescents ont tendance à rester sourds aux commentaires critiques.

Exposez vos valeurs ou vos attentes

Quand les parents formulent leurs attentes clairement, avec respect, les adolescents sont davantage portés à écouter et à essayer d'être à la hauteur de ces attentes.

Au lieu de réprimander avec colère...

Les adolescents peuvent être particulièrement sensibles à la désapprobation de leurs parents.

Réagissez de façon inattendue

En remplaçant la critique par l'humour, nous modifions l'état d'esprit et nous favorisons la bonne humeur de chacun.

Au lieu de harceler…

Certains adolescents réagissent
très lentement à un rappel raisonnable.

Mettez-le par écrit

Souvent, la langue écrite peut accomplir ce que ne peut faire la langue orale.

Les commentaires fusaient pendant que les gens parcouraient les pages et examinaient les dessins.

— Ça ne s'applique pas seulement aux ados. Je ne protesterais pas si mon mari appliquait certains de ces trucs sur moi.

— *Sur* vous ?

— D'accord, *avec* moi. À mon endroit. Le point que je veux faire, c'est qu'on pourrait alors améliorer la vie de bien des couples.

— Je parie qu'en regardant ces habiletés, certaines personnes diraient : « Rien de nouveau là-dedans C'est tout simplement le sens commun. »

— Mais ce n'est pas si commun. Autrement, nous ne serions pas tous ici ce soir.

— Je ne vais jamais me souvenir de tout cela. Je vais collerces bandes dessinées sur le côté intérieur de la porte de mon placard.

Un père nouvellement arrivé dans le groupe et qui n'avait pas encore parlé a levé la main.

— Bonsoir. Je m'appelle Tony. Je sais que je devrais probablement me taire parce que je n'étais pas ici la semaine dernière. Mais pour moi, ces exemples ne servent qu'à démontrer la façon de régler les petits problèmes de tous les jours : un sac à dos sale, une chemise déchirée, de mauvaises manières à table. Je suis venu ici ce soir dans le but de découvrir comment faire face à des comportements d'ados qui inquiètent terriblement leurs parents, telles que fumer, boire, faire l'amour, prendre de la drogue.

— Ce sont là des préoccupations majeures, de nos jours, ai-je admis. Mais c'est *notre façon d'aborder les petites choses ordinaires de tous les jours qui prépare le terrain pour aborder les grandes choses.* C'est notre façon d'aborder le sac à dos sale, la chemise déchirée, les mauvaises manières à table qui peut améliorer une relation ou la détériorer. C'est notre façon de réagir aux hauts et aux bas de nos enfants qui peut les amener à s'éloigner ou à se rapprocher de nous. C'est notre façon de réagir à ce qu'ils ont fait ou ont négligé de faire qui peut soit susciter le ressentiment, soit créer la confiance et renforcer leur lien avec nous. Et parfois, seul ce lien peut assurer la sécurité de nos ados. Au milieu de leurs tentations, de leurs conflits ou de leur confusion, ils sauront vers qui se tourner pour s'orienter. Quand les discours malsains de la culture pop les interpelleront, ils auront en tête un autre discours, le vôtre, contenant vos valeurs, votre amour, votre confiance en eux.

Après un long silence, Tony a demandé :

— La réunion est terminée ?

— Presque, ai-je répondu en regardant ma montre.

— C'est bien, a-t-il dit en brandissant son paquet de bandes dessinées, parce que je vais en essayer quelques-unes ce soir et je veux rentrer pendant que les enfants sont encore debout.

Les récits

Dans les récits qui suivent, vous verrez comment les parents ont utilisé leurs nouvelles habiletés, séparément ou en les combinant, et parfois dans des situations qui dépassaient de loin les petites choses quotidiennes.

GAIL

La dernière rencontre était faite sur commande pour moi. J'ai récemment divorcé et je viens tout juste de commencer à travailler à plein temps. S'il y a une chose dont j'ai désespérément besoin maintenant, c'est de coopération. Mes deux garçons ont atteint l'adolescence, mais ils n'ont jamais été très enclins à donner un coup de main. Je sais que c'est ma faute, car je déteste les talonner, alors je finis toujours par tout faire moi-même.

Quoi qu'il en soit, samedi matin, je me suis assise avec eux pour leur expliquer qu'il était impossible pour moi de répondre aux exigences de mon nouvel emploi tout en continuant à faire tout ce que je faisais auparavant. Je leur ai dit que j'avais besoin de leur contribution et que nous devions désormais joindre nos efforts en tant que famille. J'ai ensuite fait la liste de toutes les tâches ménagères qui doivent être faites. Puis j'ai demandé à chacun d'en choisir trois dont ils voudraient se charger. Juste trois. Ils pourraient même changer de tâches à la fin de chaque semaine.

Ils ont d'abord réagi de façon typique. De bruyantes protestations à propos de la pression qu'ils subissent à l'école, et le fait qu'ils n'ont jamais de temps pour quoi que ce soit. Mais finalement, chacun d'eux a choisi d'accomplir trois tâches. J'ai affiché la liste sur le frigo en leur disant que j'éprouvais un énorme soulagement juste à l'idée de rentrer du travail et de trouver la lessive faite, le lave-vaisselle vidé, la table débarrassée et mise pour le repas.

Ce n'est pas exactement ce qui s'est passé, mais ils ont accompli quelques tâches de temps en temps. Et quand ils ne le font pas, je me contente de montrer la liste et ils s'y mettent.

Ah, si seulement j'avais connu ça il y a quelques années…

Laura

Ma fille a une nouvelle façon de me faire savoir que j'ai fait une chose qui la contrarie. Elle ne me parle plus. Si j'ose demander ce qui ne va pas, elle hausse les épaules et lève les yeux au ciel, ce qui me rend furieuse.

Mais après notre rencontre de la semaine dernière, j'étais tout feu, tout flamme, déterminée à essayer quelque chose de nouveau. À mon arrivée, elle était assise à la table de la cuisine, en train de prendre un goûter. J'ai approché une chaise en lui disant :

— Kelly, je n'aime pas ce qui se passe entre nous deux.

Elle s'est croisé les bras et a regardé ailleurs. Je n'ai pas laissé cela m'arrêter.

— Je fais quelque chose qui te rend furieuse ; tu cesses de me parler, ce qui alors me rend furieuse à mon tour. Puis, je finis par crier après toi, ce qui te rend encore plus furieuse. Donc, Kelly, je me rends compte que j'ai besoin de le savoir sans détour quand quelque chose te contrarie.

Elle a haussé les épaules, puis elle a de nouveau détourné le regard. Cette fille n'allait pas me rendre la tâche facile.

— Et si c'est trop te demander, ai-je ajouté, alors donne-moi au moins un signal, une sorte de signe. N'importe quoi. Cogne sur la table, agite une serviette, place-toi un morceau de papier hygiénique sur la tête. N'importe quoi.

— Oh, maman ! Ne fais pas l'idiote, a-t-elle répondu en quittant la pièce.

Je me suis dit : *J'ai vraiment l'air d'une idiote.* Mais quelques minutes plus tard, elle était de retour dans la cuisine. Elle avait une drôle de tête et j'apercevais quelque chose de blanc dans ses cheveux. J'ai demandé :

— C'est quoi, ce truc sur... Ah, oui, bien sûr !... du papier hygiénique.

On s'est esclaffées toutes les deux. Et pour la première fois depuis longtemps, on a eu une véritable conversation.

Joan

Hier soir, ma fille de quinze ans m'a annoncé qu'elle voulait se faire percer le nez. Ça m'a mise en furie. J'ai commencé à crier après elle.

— As-tu perdu la tête ? Dieu t'a donné un nez magnifique. Pourquoi y creuser un trou ? Pourquoi te mutiler ? C'est l'idée la plus idiote que j'ai jamais entendue !

Elle m'a répliqué en criant.

— Tout ce que je veux, c'est un simple petit anneau pour mon nez ! Tu devrais voir ce que portent les autres jeunes. Kim a un barbell à la langue, Briana un anneau à l'arcade, et Ashley en a un au nombril !

— Eh bien, elles sont idiotes elles aussi, ai-je répondu.

— Pas moyen de te parler. Tu ne comprends rien, a-t-elle hurlé en se précipitant hors de la pièce.

Je suis restée seule à me répéter : *Dire que c'est moi, la mère qui suit un atelier sur la communication. Bravo !* Mais je n'étais pas sur le point de céder. Tout ce qu'il me fallait, c'était une meilleure manière d'entrer en communication avec elle.

J'ai alors consulté Internet pour m'informer sur le piercing. Eh bien, j'ai découvert que, dans notre région, il est illégal pour toute personne de moins de 18 ans de recevoir un piercing, un branding ou un tatouage sans l'autorisation formelle de ses parents ou gardiens. La seule exception, c'est le perçage d'oreille. Une section entière exposait toutes les maladies qu'on peut contracter si les instruments ne sont pas propres ou si les conditions d'hygiène ne sont pas optimales – hépatite, tétanos, infections, furoncles…

Quand elle est finalement sortie de sa chambre, je lui ai dit que je regrettais sincèrement ce que j'avais dit à son sujet et au sujet de ses amies, mais qu'il y avait dans Internet des renseignements qu'elle devrait consulter, selon moi. Puis, j'ai désigné l'écran.

Après l'avoir regardé, elle a répliqué :

— Eh bien, personne n'est tombé malade dans mon entourage. De toute façon, je suis prête à courir le risque.

— Le problème, c'est que moi je ne suis pas prête à courir le risque. Ta santé est trop importante à mes yeux.

— Très bien alors. Je le ferai faire par un vrai médecin. Tu n'auras qu'à me donner une permission écrite.

— Ça ne me convient pas. Ma première objection tient toujours. De plus, je me connais. Rien qu'à voir ma fille se promener avec un anneau lui sortant de la narine me bouleverserait énormément. Je refuse d'être chavirée chaque fois que je te regarde. À dix-huit ans, si c'est toujours important pour toi, tu pourras décider si oui ou non tu veux le faire.

À vrai dire, elle n'était pas précisément enchantée de ma décision, mais elle semble l'avoir acceptée. Du moins pour le moment.

TONY

Paul, mon fils de quatorze ans, se promène dans la maison comme s'il était parti dans un autre monde. Si je lui demande de faire quelque chose, il me répond : « Bien sûr, papa » et il n'en reparle plus. Ça lui entre par une oreille et lui sort par l'autre. Alors, au cours du dernier week-end, j'ai créé de l'inattendu. À deux occasions.

La première fois, j'ai emprunté la voix profonde du comte Dracula pour lui dire :

— Che feux que tu chortes les chordures.

Il m'a regardé en clignant des yeux.

— Et que cha chaute, ai-je ajouté. Quand cha tarde, che defiens fiolent !!!

Il a éclaté de rire et m'a répondu :

— Pien, alors. Che fais mieux de le faire.

La seconde fois, j'avais aperçu par terre, dans sa chambre, un bol contenant un reste de céréales. De ma voix ordinaire, j'ai désigné le bol en disant :

— Paul, tu sais ce que c'est ?

— Bien sûr. Un bol.

— Non. C'est une invitation à la fête.

— Une quoi ?

— Une invitation, adressée à tous les insectes du voisinage, à venir festoyer dans la chambre de Paul.

— D'accord, papa, a-t-il répliqué en souriant. Message reçu.

Puis il a ramassé le bol et l'a rapporté à la cuisine.

Je sais que la plaisanterie n'a pas toujours du succès, mais quand elle en a, c'est plaisant.

MICHAEL

Ma fille m'a donné tout un choc cette semaine.

— Écoute, papa. Je vais te demander quelque chose et je ne veux pas que tu me piques une crise en disant non. Contente-toi d'écouter.

— J'écoute.

— À la fête de mon seizième anniversaire, je veux servir du vin. Mais avant de t'énerver, tu dois savoir qu'un tas de jeunes de mon âge servent du vin à leur fête d'anniversaire. C'est une façon de faire de la soirée un grand événement.

Elle a dû lire la désapprobation sur mon visage, car elle en a rajouté.

— D'accord, peut-être pas du vin, mais si je ne peux pas servir au moins de la bière, personne ne voudra venir. En fait, je n'aurais même pas besoin de m'en procurer. Si on permettait à mes amis d'apporter la leur, ça irait. Voyons, papa. N'en fais pas tout un plat. Personne ne se soûlera, je te le promets. On veut juste avoir du plaisir.

J'ai bien failli lui répondre par un non catégorique, mais à la place, j'ai dit :

— Jenny, je vois que c'est important pour toi. Il faut que j'y pense.

Quand j'ai raconté ça à ma femme, elle s'est tout de suite dirigée vers les bandes dessinées de la semaine dernière et elle est tombée sur le truc *mettez-le par écrit.*

— Si tu écris ta réponse, elle va la lire. Si tu la lui donnes oralement, elle se contentera d'argumenter avec toi.

Voici la lettre que j'ai écrite.

Chère Jenny.

Ta mère et moi, nous avons réfléchi sérieusement à ta demande de servir du vin à ta fête d'anniversaire. Pour les raisons suivantes, nous ne pouvons pas dire oui.

1. Dans notre région, il est illégal de servir de l'alcool aux mineurs.

2. Si nous faisions fi de la loi et qu'un de tes invités avait un accident de voiture en rentrant chez lui, en tant que parents, nous serions tenus responsables selon la loi. Et ce qui est encore plus important, nous nous sentirions responsables d'un point de vue moral.

3. Si nous fermions les yeux et que nous laissions tes amis apporter leur propre bière, cela équivaudrait à dire : « Il est acceptable que vous, les jeunes, vous violiez la loi pourvu que nous, les parents, nous prétendions ignorer ce qui se passe. » Ce serait malhonnête et hypocrite.

Ton seizième anniversaire, c'est un événement marquant dans ta vie. Essayons de trouver une manière de célébrer l'occasion de façon sécuritaire, légale et agréable pour tout le monde.

Affectueusement,

Papa.

J'ai glissé la lettre sous la porte de sa chambre. Elle n'en a fait aucune mention, mais plus tard, le même jour, à la suite d'appels téléphoniques à ses amis, elle nous a proposé quelques façons de remplacer les *vraies boissons* – un imitateur d'Elvis, une séance de karaoké, ou un spécialiste des horoscopes.

Nous en sommes encore au stade de la discussion. Mais une chose est certaine pour ma femme et moi : nous prévoyons être sur place ce soir-là. Nous avons entendu dire que parfois, des jeunes s'absentent de la fête, vont prendre quelques gorgées d'alcool à partir de bouteilles cachées dans leur voiture, puis reviennent tout sourire et l'air innocent. Nous avons aussi entendu dire que des jeunes apportent leur propre bouteille d'eau à une réception, sauf que cette *eau*, c'est en réalité de la vodka ou du gin. Alors, non, nous ne serons pas envahissants. Nous tâcherons d'être discrets. Mais nous resterons vigilants.

LINDA

Vous souvenez-vous ? J'avais dit que j'allais fixer les bandes dessinées sur le côté intérieur de la porte de mon placard. Eh bien, c'est ce que j'ai fait. Et ce fut très utile cette semaine. Chaque fois qu'il me prenait l'envie de crier après les enfants, je me ressaisissais, j'entrais dans ma chambre, j'ouvrais le placard, je jetais un coup d'œil aux bandes dessinées, et même si ma situation était différente, il me venait une meilleure idée pour l'aborder.

Mais vendredi dernier, mon fils n'est pas parti à l'école à l'heure, ce qui signifiait que j'allais moi-même être en retard au travail. J'ai complètement perdu patience.

— Tu as treize ans et tu ne sais toujours pas tenir compte de l'heure. Pourquoi me fais-tu toujours ce coup-là ? Je t'ai acheté une montre neuve, mais tu ne la portes jamais. Et ne t'avise pas de t'éloigner quand je te parle !

Il s'est arrêté, m'a regardée, puis il a dit :

— Maman, va lire ta porte !

Aide-mémoire

Pour susciter la coopération d'un ado

Au lieu de donner des ordres :

« Baisse cette musique ! Tout de suite !! »

vous pouvez :

Décrire le problème :

« Je suis incapable de penser ou de tenir une conversation quand la musique est à plein volume. »

Décrire comment vous vous sentez :

« Ça me casse les oreilles. »

Donner des renseignements :

« L'exposition fréquente à des sons très forts peut causer des problèmes de surdité. »

Lui donner le choix :

« Que préfères-tu : baisser complètement le volume ou le baisser un peu et fermer ta porte ? »

Le dire en un mot :

« Le volume ! »

Exprimer vos valeurs ou vos attentes :

« Nous devons tous tenir compte de la capacité des autres à tolérer la musique forte. »

Faire quelque chose d'inattendu :

Mettez-vous les mains sur les oreilles, faites le geste de baisser le volume, joignez les mains et saluez en signe de gratitude.

Le mettre par écrit :

Le plein volume est indiqué
Quand plein de gens sont
rassemblés.
Mais quand nous ne
sommes que deux
Deux crans plus bas, c'est
beaucoup MIEUX !

3

Punir ou éviter la punition

Notre troisième rencontre n'avait pas encore débuté. Les gens étaient regroupés ça et là, complètement absorbés dans leurs conversations. Des fragments de phrases me parvenaient.

— Après ce qu'elle a fait, je la prive de sortie pour le reste du mois !

— Alors, je me suis dit : « Fini le papa gâteau. J'ai été trop indulgent avec cet enfant. Cette fois, il va être puni. »

Eh bien, ai-je pensé, nous n'avons pas encore abordé la punition, mais certaines personnes semblent plus que prêtes à en parler.

— Laura, Michael, ai-je demandé, accepteriez-vous de nous mettre tous au courant de ce qu'ont fait vos enfants pour vous mettre dans une pareille colère contre eux ?

« Je n'étais pas seulement en colère, a bredouillé Laura. J'en étais malade d'inquiétude ! Kelly devait être à la fête d'anniversaire de son amie Jill à 18 heures. À 19 heures, j'ai reçu un appel de la mère de Jill : "Où est Kelly ? Elle savait que nous devons arriver au bowling à 19 h 30. C'était indiqué sur le carton d'invitation. Nous sommes tous prêts à partir et nous l'attendons toujours." Mon cœur s'est mis à battre plus fort. J'ai répondu : "Je ne comprends pas. Elle est partie très tôt. Elle devrait être arrivée depuis longtemps." La mère de Jill a répliqué : "Je suis certaine qu'il n'y a pas de quoi s'inquiéter. J'espère seulement qu'elle arrivera bientôt." Puis elle a raccroché.

« Je me suis obligée à attendre quinze minutes avant de la rappeler. C'est Jill qui a répondu. "Non, Kelly n'est toujours pas là. Pourtant, je lui ai rappelé aujourd'hui même de ne pas être en retard."

« J'ai donc commencé à paniquer pour de vrai. Des images horribles me traversaient l'esprit. Après vingt autres minutes d'agonie, le téléphone a sonné. C'était la mère de Jill. "J'ai pensé que vous aimeriez le savoir : Kelly est finalement arrivée. Apparemment, elle a rencontré un type en chemin et elle était tellement occupée à lui parler qu'elle a oublié qu'on l'attendait. J'espère seulement que nous n'avons pas perdu notre place au bowling."

« Je lui ai demandé d'excuser la conduite de ma fille et l'ai remerciée de son appel. Mais au retour de Kelly, après la fête, je lui ai passé un savon. "Te rends-tu compte de ce que tu m'as fait vivre ? Comment peux-tu être aussi irréfléchie ? Comment peux-tu manquer à ce point d'égards envers les autres ? Tu ne penses toujours qu'à toi-même. C'était la fête de Jill. As-tu pensé que ton amie méritait un peu de considération de ta part ? Non ! Tout ce qui t'intéresse, ce sont les garçons et le plaisir. Eh bien, le plaisir est terminé, jeune fille. Tu es privée de sortie le reste du mois ! Et n'espère pas que je changerai d'idée, car je ne le ferai pas." C'est ce que je lui ai dit à ce moment-là. Mais à présent, je ne sais plus trop… J'ai peut-être été trop dure avec elle. »

— Il me semble, a commenté Michael, que Kelly a eu exactement ce qu'elle méritait. Et mon fils aussi.

Toutes les têtes se sont tournées vers lui.

— Que s'est-il passé ? a demandé quelqu'un. Qu'avait-il fait ?

« C'est plutôt ce qu'il ne faisait pas, a répondu Michael. C'est-à-dire ses devoirs. Depuis que Jeff fait partie de l'équipe, le foot est son seul intérêt. Chaque jour, il rentre très tard de la séance d'entraînement et il disparaît dans sa chambre après le repas. Si je lui demande où il en est avec ses devoirs, il me répond : "T'inquiète pas, papa. Je m'en tire bien !"

« Dimanche, en l'absence de Jeff, je suis entré dans sa chambre et j'ai aperçu une lettre sur le sol, près de la porte. Je l'ai ramassée et j'ai vu qu'elle m'était adressée. Elle avait été ouverte et datait d'une semaine. Vous savez quoi ? C'était un avertissement de la part de son enseignant de math. Jeff n'avait remis aucun devoir – *aucun* – durant les deux semaines précédentes. Quand j'ai lu ça, j'ai piqué une crise.

« À son retour, je l'attendais de pied ferme. Je lui ai tendu la lettre en disant : "Tu m'as menti au sujet de tes devoirs. Tu as ouvert une lettre qui m'était adressée. Et tu ne m'as jamais montré cet avertissement. Eh bien, j'ai des nouvelles pour vous, Monsieur. Fini le foot pour le reste du semestre. J'appelle l'entraîneur dès demain."

« Il a protesté : "Papa, tu peux pas me faire ça !" J'ai répondu : "Jeff, moi je ne te fais rien. Tu te l'es fait à toi-même. L'incident est clos." »

— Mais est-il vraiment clos ? a demandé Laura.

— Jeff ne le croit pas. Toute la semaine, il a essayé de me faire changer d'idée. Ma femme aussi, a-t-il ajouté en jetant à celle-ci un regard éloquent. Laura croit que je suis trop raide. N'est-ce pas, chérie ?

— Et vous, Michael, qu'en pensez-vous ? ai-je demandé.

— Je crois que Jeff sait maintenant que je ne plaisante pas.

— Ouais, a ajouté Tony. Des fois, il n'y a que la punition pour remettre un gamin sur le droit chemin – l'amener à se montrer plus responsable.

— Je me demande, ai-je dit en m'adressant au groupe, si la punition rend un enfant plus responsable. Prenez un moment pour vous rappeler vos propres expériences d'adolescence.

Karen a été la première à répondre.

— La punition me rendait moins responsable. À treize ans, ma mère m'a surprise avec une cigarette et elle a suspendu mon droit de téléphoner. Alors, j'ai fumé encore plus. Je le faisais dans le fond du jardin, là où personne ne pouvait me voir. Puis, je rentrais, me brossais les dents et disais : « Bonjour, maman ! » avec un grand sourire. C'est ainsi que je m'en suis tirée pendant des années. Malheureusement, je fume toujours.

— Je ne sais pas, a répliqué Tony. Selon ma façon de voir les choses, la punition a sa raison d'être. Prenez mon cas, par exemple. J'étais un mauvais garnement. Le groupe avec lequel je me tenais s'attirait souvent des tas d'ennuis. Nous étions une bande de casse-cou. Un des gars s'est retrouvé en prison. Croyez-moi, si mon père ne m'avait pas puni pour certaines choses, je ne sais pas où je serais aujourd'hui.

— Et moi, a ajouté Joan, je ne sais pas où j'en serais aujourd'hui sans la thérapie que j'ai suivie pour m'aider à contrer les effets de toutes les punitions que j'ai reçues.

Tony semblait étonné de son commentaire.

— Je ne saisis pas bien.

— Ma mère et mon père croyaient l'un comme l'autre qu'ils n'auraient pas été des parents responsables s'ils n'avaient pas puni l'enfant qui avait mal agi. Ils me disaient toujours qu'ils me punissaient pour mon propre bien. Mais moi, je n'en ai retiré aucun bien. Je suis devenue une adolescente coléreuse et déprimée, qui n'avait aucune confiance en elle-même. Et je n'avais personne à qui parler à la maison. Je me sentais terriblement seule.

Je me suis aperçue que j'étais en train de soupirer. Ce que les gens venaient tout juste de décrire, c'étaient les retombées connues de la punition.

Oui, il y a des enfants que la punition décourage vraiment et qui se sentent si impuissants qu'ils commencent à perdre confiance en eux-mêmes. Et oui, d'autres enfants, comme Tony, en viennent à la conclusion qu'ils sont vraiment *méchants* et qu'ils ne peuvent devenir *bons* sans punition. Et oui, d'autres encore, comme Karen, deviennent tellement remplis de colère et de ressentiment qu'ils maintiennent leur comportement tout en trouvant des moyens pour éviter qu'on les attrape. Ils ne deviennent pas plus honnêtes, mais plus prudents, plus cachottiers, plus rusés.

Oui, la punition est largement acceptée comme méthode préférée de discipline. En fait, bien des parents voient la discipline et la punition comme étant une seule et même chose. Comment allais-je m'y prendre pour communiquer ma propre conviction *qu'une relation bienveillante est incompatible avec la punition ?*

— Si, pour une raison ou pour une autre, ai-je poursuivi à haute voix, nous étions forcés d'éliminer la punition comme méthode de discipline, serions-nous alors complètement démunis ? Nos ados feraient-ils la loi ? Deviendraient-ils une marmaille violente, indisciplinée, imbue d'elle-même, gâtée, dénuée de toute notion de bien et de mal, qui piétinerait ses parents ? Ou se pourrait-il qu'à part la punition, il existe des méthodes capables de motiver nos ados à se conduire de façon responsable ?

Au tableau, j'ai écrit :

Pour remplacer la punition

- Exprimez vos sentiments.
- Exprimez vos attentes.
- Indiquez une façon de réparer.
- Donnez le choix.
- Prenez des mesures.

J'ai demandé ensuite à Laura et à Michael s'ils étaient prêts à essayer d'appliquer ces habiletés à leur situation actuelle avec leurs enfants. Ils ont tous deux accepté le défi. Dans les pages qui suivent, on trouve, sous forme de bande dessinée, les résultats de nos efforts en vue de trouver des scénarios qui pourraient être conformes à ces nouvelles lignes de conduite. Nous avons d'abord regardé comment Laura pourrait aborder sa fille Kelly, qui avait donné beaucoup de soucis à sa mère en ne tenant aucun compte de l'heure.

Au lieu de punir

EXPRIMEZ VOS SENTIMENTS

EXPRIMEZ VOS ATTENTES

Indiquez-lui comment redresser la situation

Donnez-lui le choix

Mais supposons que Kelly récidive ? Supposons que sa mère a reçu un autre appel « Où est Kelly ? » La prochaine fois que Kelly veut rendre visite à une amie, sa mère pourrait :

PRENDRE DES MESURES

Le groupe était impressionné. Plusieurs commentaires ont suivi.

— Au début, quand vous avez parlé de remplacer la punition, je craignais vous entendre suggérer une sorte d'approche *gentille*, où les parents donnent une petite réprimande pour laisser ensuite l'enfant s'en tirer à bon compte. Mais ceci, c'est très fort. On lui dit ce qu'on ressent et à quoi on s'attend, tout en lui fournissant une façon d'endosser la responsabilité de sa conduite.

— Vous n'êtes ni méchante, ni cruelle. Vous n'amenez pas la fille à sentir qu'elle est une mauvaise personne. Vous restez ferme, mais respectueuse. Respectueuse envers elle et envers vous-même.

— Ouais, l'ennemi, ce n'est pas vous, le père ou la mère. Vous êtes du côté de l'enfant, mais vous rehaussez le niveau.

— Et vous lui montrez comment l'atteindre.

— Votre message n'est pas : « Je détiens tout pouvoir sur toi. Je ne te permettrai pas de faire ceci... Je te prive de cela. » Au contraire, vous remettez le pouvoir entre les mains de l'ado. La balle est dans le camp de Kelly. À elle de trouver exactement ce qu'elle peut faire pour donner à sa mère une tranquillité d'esprit. Par exemple, appeler si elle est retardée, appeler quand elle est arrivée, s'assurer aussi d'appeler avant son départ pour rentrer.

La main sur le front, Laura a murmuré :

— Je ne sais pas. À travailler ici, avec vous tous, j'ai presque confiance en moi. Mais qu'arrivera-t-il quand je serai exposée à la situation réelle ? Cette approche est drôlement exigeante pour les parents. Il faut avoir une tout autre attitude. En fait, ce serait beaucoup plus facile de punir l'enfant.

« Plus facile sur le moment, ai-je ajouté. Mais si vous avez comme objectif d'aider votre fille à assumer sa responsabilité tout en maintenant avec elle une bonne relation, alors la punition produirait l'effet contraire.

« Mais vous avez raison, Laura. Cette approche requiert en effet un changement dans notre façon de penser. Que diriez-vous de continuer l'exercice ? Voyons comment ces habiletés pourraient s'appliquer au problème entre Michael et son fils.

Au lieu de punir

Exprimez vos sentiments

Exprimez vos attentes

Indiquez-lui comment redresser la situation

Donnez-lui le choix

Et si, après s'être rattrapé, Jeff se remet à négliger ses devoirs ?
Le père pourrait alors :

EXPRIMER SES SENTIMENTS

Tony a secoué la tête.

— Quelque chose doit sans doute m'échapper, car je ne vois aucune différence entre *passer à l'action et punir* Jeff. D'une façon ou d'une autre, son père l'écarte de l'équipe.

— Attendez, je crois que je commence finalement à l'avoir, a répondu Laura en se tournant vers Tony. Quand on punit un enfant, on lui ferme la porte. Il ne peut aller nulle part. C'est un marché de dupes. Mais si on passe à l'action, l'enfant n'aime peut-être pas l'action, mais la porte reste ouverte. Il a encore une chance. Il peut affronter ce qu'il a fait et essayer de le réparer. Il peut changer un *mauvais* coup en *bon* coup.

— J'aime votre façon de le formuler, Laura, ai-je ajouté. Quand nous passons à l'action, notre but n'est pas seulement de mettre fin à un comportement inacceptable, mais de donner à nos enfants une chance d'apprendre de leurs erreurs. Une chance de rectifier leurs fautes. La punition peut mettre fin au comportement, mais elle peut aussi empêcher les enfants de devenir auto correcteurs.

J'ai jeté un coup d'œil à Tony. Il paraissait toujours sceptique. J'ai continué, déterminée à me faire comprendre.

— Je parie que l'ado qu'on vient de confiner pour la semaine ne reste pas dans sa chambre à penser : *Comme je suis chanceux ! J'ai des parents formidables. Ils viennent de me donner une leçon précieuse. Jamais plus je ne recommencerai !* Il est beaucoup plus probable que le jeune va se dire : *Ils sont méchants, ou injustes, ou je les déteste, ou je vais prendre ma revanche, ou je vais le faire de nouveau – mais cette fois, je vais m'organiser pour qu'ils ne m'attrapent pas.*

Le groupe écoutait avec attention. J'ai tenté de résumer le tout.

« Selon ma façon de voir, le problème de la punition, c'est que l'ado peut trop facilement ignorer son méfait et se concentrer plutôt sur ses parents déraisonnables. Encore pire, ça le prive du travail qu'il doit faire pour atteindre la maturité. Devenir plus responsable.

« Après une transgression de l'enfant, quelles sont nos attentes ? Nous espérons qu'il va regarder ce qu'il a fait de mal. Comprendre pourquoi c'était mal. Regretter de l'avoir fait. Réfléchir aux moyens à prendre pour éviter que ça se reproduise. Et réfléchir sérieusement aux façons possibles de le réparer. En d'autres mots, *pour qu'un changement réel ait lieu, nos ados ont besoin de faire leurs devoirs émotionnels. Or, la punition vient entraver cet important processus.* »

La salle était devenue silencieuse. À quoi pensaient-ils ?Avaient-ils toujours des doutes ? Est-ce que j'avais été claire ? Pourraient-ils accepter ce qu'ils venaient d'entendre ? J'ai jeté un coup d'œil sur ma montre. Il se faisait tard.

— On a travaillé fort, ce soir. On se revoit la semaine prochaine.

— Une dernière question, a lancé Tony en levant la main.

— Allez-y.

— Qu'arrive-t-il si on utilise toutes les habiletés qu'on a vues ce soir et que l'enfant ne se redresse toujours pas ? Disons qu'il ne sait pas comment devenir auto correcteur, comme vous le dites. Quoi faire alors ?

— C'est une indication que la solution du problème exigera plus de travail. Que le problème est plus complexe qu'il n'en avait l'air au départ. Qu'il faut y consacrer plus de temps et réunir plus d'information.

Tony avait l'air dérouté.

— Comment faire ?

— En faisant une résolution de problème.

— Une résolution de problème ?

— Il s'agit d'un processus dont nous parlerons la semaine prochaine. Nous travaillerons sur des façons dont les parents et les enfants peuvent réunir leurs forces, explorer des possibilités ensemble, puis solutionner le problème ensemble.

Pour la première fois de la soirée, Tony a souri.

— Ça me plaît. Cette rencontre, je ne vais pas la manquer.

Les récits

Au cours de la semaine qui a suivi notre rencontre portant sur les façons de remplacer la punition, plusieurs personnes m'ont rapporté comment elles avaient mis en application leurs nouvelles habiletés.

Le premier récit est de Tony. Il parle de Paul, son fils de quatorze ans.

Tony

Paul et son ami Matt sont arrivés en courant, hors d'haleine, la bouche fendue jusqu'aux oreilles.

— Qu'est-ce qui se passe, les gars ? ai-je demandé.

— Rien, ont-ils répondu en pouffant de rire après un regard l'un vers l'autre.

Puis, Matt a murmuré quelque chose à Paul et il est parti.

— Qu'est-ce qu'il t'a dit de ne pas me raconter ? ai-je demandé.

Paul n'a pas répondu.

— Dis-moi juste la vérité. Je ne te punirai pas.

J'ai finalement réussi à lui tirer les vers du nez. Matt et lui s'étaient rendus à vélo jusqu'à la piscine communautaire pour faire de la natation, mais c'était fermé pour la nuit. Ils ont essayé d'ouvrir chacune des portes et en ont trouvé une qui n'était pas verrouillée. Ils sont entrés. Puis, ils ont allumé tous les appareils d'éclairage et se sont mis à courir en poussant des cris, à jeter par terre toutes les chaises longues et à lancer les coussins partout – même dans la piscine. Pour eux, ce n'était qu'une grosse farce.

Mon fils avait de la chance : j'avais promis de ne pas le punir. Mais croyez-moi, son récit m'a donné l'envie de lui coller le maximum – lui couper son argent de poche, lui enlever son ordinateur, le priver de sortie indéfiniment – n'importe quoi pour faire disparaître son sourire stupide.

— Écoute-moi, Paul. C'est sérieux. Ce que vous avez fait, ça s'appelle du vandalisme.

Son visage est devenu tout rouge.

— Tu vois, s'est-il écrié ! Je le savais que je n'aurais pas dû te le dire. Je savais que tu en ferais toute une histoire. Ce n'est pas comme si on avait volé quelque chose ou qu'on avait pissé dans la piscine !

— Je te félicite de ne pas l'avoir fait, Paul. Mais, je n'exagère pas ; c'est une sale histoire. Un tas de gens du voisinage ont travaillé fort à ramasser assez d'argent pour bâtir cette piscine familiale. Ils en sont fiers et ils travaillent ferme pour l'entretenir. C'est dans cette piscine que tu as appris à nager.

— Qu'essaies-tu d'accomplir ? Me faire sentir coupable ?

— Exact, parce que c'est mal, ce que tu as fait. Maintenant, tu devras faire quelque chose pour corriger la situation.

— Que veux-tu que je fasse ?

— Je veux que tu retournes à la piscine – tout de suite – et que tu replaces toutes les choses comme elles étaient.

— Tout de suite ?!... Mais je viens juste d'arriver !

— Oui, tout de suite. Je vais t'y conduire.

— Et Matt, lui ? C'était son idée. Il devrait venir lui aussi. Je vais l'appeler.

Il l'a appelé. Au début, Matt disait qu'il n'en était pas question, que sa mère le tuerait si elle apprenait la chose. J'ai alors pris l'appareil.

— Matt, vous avez fait ça ensemble et c'est ensemble que vous allez le réparer. Je passe te prendre dans dix minutes.

En fin de compte, j'ai ramené les garçons à la piscine. Heureusement, la porte était encore ouverte. Tout était sens dessus dessous. J'ai dit aux garçons :

— Vous savez ce que vous avez à faire. Je vais vous attendre dans la voiture.

Environ vingt minutes plus tard, ils sont sortis en disant :

— C'est fait. Tu veux jeter un coup d'œil ?

— Bien sûr.

Je suis entré vérifier. Tout avait été remis en ordre. Les chaises longues étaient toutes alignées et les coussins remis en place.

— C'est bien. Tout me semble normal. Éteignez et partons.

Sur le chemin du retour, les garçons étaient silencieux. J'ignore ce qu'il en est de Matt, mais je crois que Paul a finalement compris pourquoi il n'aurait pas dû faire ce qu'il a fait. Et je crois qu'il était fier d'avoir eu la chance de réparer, comme vous dites.

Joan

Je préparais le repas quand Rachel a passé la porte. En voyant son sourire béat et ses yeux injectés de sang, j'ai su immédiatement qu'elle planait. Je n'étais pas certaine si c'était de la marie-jeanne, mais j'espérais que ce n'était rien de plus sérieux.

— Rachel, tu t'es défoncée.

— Tu passes ton temps à imaginer des choses à mon sujet, a-t-elle répondu en disparaissant dans sa chambre.

Je suis restée stupéfaite. Je n'arrivais pas à y croire. C'était la même enfant qui, à peine un mois plus tôt, m'avait confié : « Jure-moi de n'en rien dire à personne, maman, mais Louise a commencé à fumer de la marijuana. Tu te rends compte ? C'est terrible, n'est-ce pas ? »

J'avais alors pensé : *Dieu merci, ce n'est pas ma fille.* Et voilà que ça y était ! Je ne savais pas quoi faire. Fallait-il la priver de sortie ? Lui ordonner d'aller nulle part après l'école ? (Certainement pas chez Louise !) Insister pour qu'elle revienne directement à la maison ? Non, ça n'aboutirait qu'à des disputes et des larmes. De plus, ce n'était guère réaliste.

Mais je ne pouvais pas faire comme si rien ne s'était pas produit. Je savais aussi qu'essayer de lui parler ne donnerait rien tant qu'elle serait sous l'effet de la substance qu'elle avait prise ou fumée.

J'avais aussi besoin d'un temps de réflexion. Fallait-il lui parler de mes propres expériences d'adolescente ? Si oui, jusqu'où fallait-il aller dans les révélations ? Lui serait-il utile d'être au courant ? Ou s'en servirait-elle comme excuse pour justifier sa conduite : « Tu l'as fait et tu es correcte » ? De toute façon, au cours des heures qui ont suivi, j'ai eu une douzaine de conversations imaginaires avec elle. Finalement, après le repas, elle semblait être redevenue presque elle-même. C'est alors que nous avons parlé. Voici comment ça s'est réellement passé.

— Rachel, je ne recherche pas une confession, mais j'ai vu ce que j'ai vu et je sais ce que je sais.

— Oh, maman, tu prends tout au tragique ! C'était juste un petit joint. Ne viens pas me dire que tu n'en as jamais essayé quand tu avais mon âge.

— En fait, j'étais pas mal plus âgée. J'avais seize ans, pas treize.

— *Tu vois* ?... et tu es correcte.

— Je n'étais pas aussi correcte à l'époque. Mes anciennes amies, que tu appellerais des *filles sages,* ont cessé de me fréquenter et mon rendement scolaire a beaucoup diminué. À vrai dire, quand j'ai commencé, je ne savais pas du tout dans quoi je m'embarquais. Je croyais que c'était inoffensif. Moins nocif que la cigarette.

— Alors, pourquoi tu as cessé ?

— À cause de Barry Gifford, un camarade de classe. Sa voiture s'est écrasée contre un arbre après une fête où tout le monde se défonçait. En fin de compte, Barry s'est retrouvé à l'hôpital avec une rupture de la rate. Peu après, nous avons tous dû nous inscrire à un programme de sensibilisation aux drogues. On nous a distribué des brochures. Par la suite, j'ai décidé que ça ne valait pas la peine de continuer.

— Oh, ils essayaient juste de vous faire peur.

— C'est ce que je pensais. Mais j'ai lu la brochure jusqu'à la fin. J'en connaissais déjà une partie, mais elle contenait aussi beaucoup de choses que j'ignorais.

— Quelles choses ?

— Par exemple, que la marijuana peut rester dans ton système plusieurs jours après la consommation. Que ça t'esquinte la mémoire et la coordination et même ton cycle menstruel. Que ça te fait même plus de tort que la cigarette. Je n'avais aucune idée que la marijuana contenait plus de matières cancérigènes que le tabac. Ce fut une grosse surprise pour moi.

Rachel avait tout à coup l'air inquiet. Je l'ai serrée contre moi.

— Écoute, ma chère fille. Si je le pouvais, je te suivrais partout, jour et nuit, pour m'assurer que jamais personne ne te donne ou te vende quoi que ce soit qui pourrait te faire du tort. Mais ce serait complètement dingue. Alors, je dois compter sur toi et sur ta propre capacité de te protéger contre toutes les saloperies qui circulent. Et je crois que tu le feras. Je crois que tu feras ce qui est bien pour ta vie – peu importent les pressions exercées par les autres.

Elle avait toujours l'air inquiète. Je l'ai prise dans mes bras et ce fut la fin de notre conversation. Nous avons cessé d'en parler ! Je crois que mes paroles ont eu un impact, mais je ne prends aucun risque. Les jeunes mentent à leurs parents au sujet des drogues. Je le sais – je l'ai fait. Alors, même si je ne me sens pas tout à fait à l'aise de l'épier, je crois que je vais jeter un coup d'œil dans sa chambre de temps à autre.

Gail

Neil, mon fils de quinze ans, m'a demandé si Julie, son amie d'enfance, pouvait venir passer la nuit chez nous, samedi. Les parents de Julie se rendaient à un mariage dans une autre ville, et sa grand-mère, qui avait prévu passer la nuit chez elle, était tombée malade et ne pouvait pas le faire.

J'ai pensé : *Pourquoi pas* ? Mon fils cadet devait passer le week-end chez son père ; Julie pourrait donc prendre sa chambre. Bien sûr, j'ai consulté la mère de Julie pour savoir ce qu'elle en pensait. Elle a sauté sur l'occasion – soulagée qu'une adulte responsable se charge de sa fille pour la nuit.

À l'arrivée de Julie, je lui ai indiqué où elle dormirait. Puis, nous avons pris un bon repas à trois et regardé une vidéo.

Le lendemain matin, la mère de Julie a appelé pour dire qu'elle était rentrée. Elle a demandé à parler à Julie. Je suis montée la chercher. La porte de sa chambre était entrouverte et le lit n'avait pas été défait ! Les oreillers que j'avais si soigneusement disposés la veille étaient exactement tels que je les avais laissés. Je suis restée bouche bée. J'ai entendu un éclat de rire venant de la chambre de Neil.

J'ai frappé fort à sa porte en criant que la mère de Julie était au téléphone et qu'elle voulait lui parler.

Quand la porte s'est finalement ouverte, Julie est sortie ébouriffée et l'air embarrassée. Elle a évité mon regard, a descendu en courant parler à sa mère, est remontée prendre son sac à dos, m'a remerciée *pour tout* et a filé chez elle.

Aussitôt après son départ, j'ai explosé.

— Neil, comment as-tu pu me faire cela ! ? J'avais donné ma parole à la mère de Julie que je la prenais sous ma responsabilité. Qu'elle serait protégée, en sécurité.

— Mais, maman, elle…

— Ne me donne pas du « Mais maman ! ». Ce que tu as fait est inexcusable !

— Mais maman, il ne s'est rien passé.

— Allons donc ! deux ados passent la nuit ensemble, dans le même lit, et il ne s'est rien passé ! Tu me prends pour une idiote ? Eh bien, je vais te parler d'une chose qui ne se passera pas le week-end prochain. Tu n'iras pas faire du ski avec ta classe.

Quand je l'ai dit, c'est ce que je voulais dire. Je sentais que c'était précisément ce qu'il méritait. J'ai aussitôt quitté sa chambre pour éviter d'avoir à l'entendre me répéter combien j'étais déraisonnable.

Après quelques minutes, j'avais changé d'opinion. Comment le fait de le priver de sa sortie de ski pourrait-il aider Neil à réaliser pourquoi il n'aurait pas dû faire ce qu'il avait fait ?

Je suis donc retournée à sa chambre.

— Écoute, Neil, oublie ce que j'ai dit à propos de la sortie de ski. Voici ce que je voulais vraiment dire : je sais que la sexualité est une partie saine et normale de la vie. Mais le fait est que les parents s'inquiètent quand leurs enfants sont en cause. Ils ont peur que leurs filles tombent enceintes, que leurs fils deviennent pères. Ils ont peur du SIDA et de toutes les autres…

Il ne m'a pas laissé terminer.

— Maman, ça suffit ! Je n'en ai rien à faire d'un discours sur l'éducation sexuelle. Je connais tous ces trucs. Et puis, j'essaie de te dire que *rien ne s'est passé* ! On était seulement étendus sur le lit, en train de regarder la télé.

C'était peut-être vrai, et ça ne l'était peut-être pas. J'ai décidé de lui laisser le bénéfice du doute.

— Je suis heureuse de te l'entendre dire, Neil. Parce que, quand tu as invité Julie à passer la nuit chez toi, tu as pris une responsabilité – envers Julie, sa mère… et *moi*. Une responsabilité qu'il faut honorer.

Neil n'a rien dit, mais à son expression faciale, je pouvais voir que mes paroles avaient touché juste. Ça me suffisait. Je pouvais laisser tomber.

Jim

Ma femme et moi, nous pensions avoir tout prévu quand nous avons acheté notre nouvel ordinateur. Nous l'avons placé dans la salle de séjour (en dépit des objections de Nicole, douze ans, qui insistait pour l'avoir dans sa chambre). Nous avons installé les plus récents logiciels de filtrage (nous avions entendu dire qu'il existe au moins trois millions de sites pornographiques sur lesquels un enfant peut tomber accidentellement). Puis, nous avons établi un horaire souple pour tenter de répondre aux besoins de tous les membres de la famille. Nous avons aussi clairement laissé entendre à Nicole qu'il n'était pas question d'avoir accès à l'ordinateur après 21 h, et qu'elle ne devrait s'en servir que pour son travail scolaire ou pour des échanges virtuels avec ses amies.

Tout semble baigner dans l'huile, n'est-ce pas ? Eh bien, il y a quelques nuits, en m'éveillant un peu après minuit, j'ai aperçu de la lumière dans la salle de séjour. Je me suis levé pour aller éteindre et j'ai trouvé Nicole scotchée à l'écran. Elle était tellement absorbée qu'elle ne m'a même pas entendu venir. Debout, derrière elle, j'ai lu sur l'écran : « Courtney, tu sembles tellement jolie, tellement drôle, tellement sexy ! Quand puis-je te rencontrer ? » Aussitôt qu'elle s'est rendu compte de ma présence, elle a vite écrit *pos* (j'ai appris depuis que c'est un code international indiquant la présence d'un des parents) et elle a fermé l'écran.

Cela m'a donné froid dans le dos. J'avais entendu trop de bulletins de nouvelles à propos de ce qui arrive aux adolescentes qui rencontrent des adolescents dans des forums de discussion. Le garçon la flatte, lui dit qu'ils ont des choses en commun, la fait se sentir exceptionnelle. Petit à petit, il l'amène ensuite à accepter de le rencontrer. En réalité, il ne s'agit pas d'un ado gentil, mais d'un mec plus âgé, un prédateur sexuel qui cherche à lui faire Dieu sait quoi.

— Mais bon sang, Nicole, te rends-tu compte de ce que tu es en train de faire ? As-tu la moindre idée du genre de danger auquel tu t'exposes ? Je devrais te priver indéfiniment de tes privilèges d'ordinateur !

Elle s'est aussitôt mise sur la défensive, en disant qu'il n'y avait aucune raison de s'énerver, qu'elle ne faisait que s'amuser, qu'elle n'utilisait même pas son vrai nom, et qu'elle était assez intelligente pour faire la différence entre un sale type taré et une personne normale.

— Écoute-moi, Nicole. Tu ne peux en aucune façon faire la différence ! Les pires tarés sont capables d'avoir l'air tout à fait normaux et charmants. Ils savent exactement comment embobiner une jeune fille. Ils ont beaucoup d'expérience.

Puis, je lui ai dit que je voulais connaître son mot de passe, car à partir de maintenant, sa mère et moi allions régulièrement vérifier avec qui elle avait été en communication.

Sa réaction ? Je n'avais pas confiance en elle… Je n'avais pas le droit… Je m'ingérais dans sa vie privée, etc., etc.

J'ai répliqué avec quelques récits d'horreur que j'avais entendus sur la façon dont ces gars *normaux* s'avèrent être en fait des tendeurs de piège, des kidnappeurs, des violeurs et même pires. Tout ce qu'elle a réussi à dire ensuite, d'une petite voix faible, c'est :

— Il ne faut pas croire tout ce que tu entends.

Je crois qu'elle tentait de sauver la face. Mais je crois aussi qu'une partie d'elle-même était en fait soulagée que son père veille sur elle sans tomber dans le panneau.

Aide-mémoire

Pour remplacer la punition

L'ado :	*Tu avais juré que tu cesserais de fumer et tu fumes toujours ! Quel faux jeton ! Espèce d'enfoiré !*
Le père :	*Et toi, grande gueule, tu es privé de sortie ce week-end !*

Exprimez vos sentiments :
— Ce genre de langage me rend furieux.

Exprimez vos attentes :
— Quand j'essaie de cesser de fumer, ce que j'attends de mon fils, c'est qu'il m'encourage et non qu'il m'insulte.

Donnez-lui le choix :
— C'est blessant de se faire injurier. Tu peux me dire ce qui, selon toi, pourrait m'aider à cesser. Tu peux aussi le mettre par écrit.

Indiquez une façon de réparer :
— Quand tu te rends compte que tu as offensé quelqu'un, c'est une bonne idée de s'excuser.

Mais si l'ado continue à s'exprimer de façon irrespectueuse ?

Passez à l'action (en quittant la pièce) :
— L'entretien est terminé. Je ne reste pas en présence des gens qui m'insultent.

4

Trouver une solution ensemble

KAREN A LANCÉ LA DISCUSSION AVANT MÊME QUE TOUT LE MONDE AIT PRIS PLACE.

— Je mourais d'impatience de venir ici ce soir. La semaine dernière, Tony a demandé ce qu'il faut faire si toutes les tentatives pour remplacer la punition aboutissent à un échec. Vous avez alors mentionné la résolution de problème. Il se trouve que j'ai un gros problème ces jours-ci avec Stacey et je n'ai aucune idée sur la façon de le régler.

— Bonne nouvelle, ai-je répondu. Vous n'avez pas besoin de le régler vous-même. Ce soir, vous allez apprendre une méthode en cinq étapes montrant comment parents et ados peuvent s'asseoir pour aborder le problème ensemble.

— S'asseoir ? s'est exclamé Laura. Qui a le temps de s'asseoir ? Chez nous, tout le monde est à la course. On se parle en courant.

— De nos jours, les gens ont des horaires de fou, ai-je concédé. Ce n'est pas facile de trouver du temps. Il en faut pourtant pour mener ce processus à bien. Impossible de réfléchir ensemble de façon créative si l'un d'entre vous est pressé ou agité. Pour que cette approche donne des résultats, il est préférable d'attendre que les deux parties soient relativement calmes.

— Ouais, a répliqué Tony, mais aussitôt qu'on laisse entendre à un enfant qu'on veut lui parler d'une chose qu'il fait mais qu'on n'aime pas, il perd son calme même si on garde le nôtre.

— Et voilà pourquoi, ai-je poursuivi, après avoir soulevé le problème, votre toute première étape consiste à inviter votre ado à donner sa version de l'histoire. Cela implique que vous mettez temporairement vos sentiments de côté pour l'écouter, lui ou elle. Une fois que l'ado saura que vous avez entendu et compris son point de vue, il sera davantage capable d'entendre ce que vous avez à dire.

— Et ensuite ? a demandé Karen avec impatience.

— Ensuite, il est question, pour tous les deux, de réfléchir ensemble afin de trouver une solution qui soit satisfaisante pour chacun. Pour illustrer cela, voici un exemple tiré de chez moi.

« Mon fils avait à peu près quatorze ans quand il a découvert la musique heavy metal. Il s'est mis à faire jouer cette musique – si on peut appeler ça de la musique – tellement fort que les fenêtres en vibraient. Je lui ai demandé de bien vouloir réduire le volume. Il ne s'est rien produit. Je l'ai répété en hurlant. Toujours rien. J'ai mis à l'essai toutes les habiletés dont nous avons parlé dans notre rencontre portant sur les façons de susciter la coopération. J'ai décrit la situation, j'ai fourni des renseignements, j'ai offert des choix, j'ai écrit une note… J'ai même utilisé l'humour. Je me croyais très drôle. Il n'était pas du même avis.

« Un soir, j'en ai eu assez. Je suis entrée en coup de vent dans sa chambre et j'ai débranché son lecteur de CD en menaçant de le confisquer de façon permanente. Imaginez l'échange de cris qui a suivi.

« Ce soir-là, j'ai eu de la difficulté à m'endormir. Le lendemain, j'ai décidé d'utiliser la seule approche à laquelle je n'avais pas encore eu recours, la résolution de problème. J'ai attendu la fin du petit déjeuner avant d'oser m'aventurer à ouvrir le sujet. À la simple mention du mot musique, il s'est redressé : "Ah non, ça recommence !" J'ai dit : "Oui, ça recommence. Mais cette fois, j'aimerais essayer de voir les choses selon ton point de vue… J'aimerais vraiment te comprendre."

« Ça l'a pris par surprise. "Enfin !" a-t-il dit. Puis il m'a fait savoir exactement comment il se sentait : "Je pense que tu es beaucoup trop sensible. La musique n'est pas si forte – ça doit jouer assez fort pour qu'on puisse sentir le rythme et entendre les paroles. Parce que les paroles sont superbes, même si tu les détestes. Mais si jamais tu les écoutais vraiment, tu les aimerais peut-être toi aussi."

« Je n'ai pas poussé l'argument. J'ai accueilli tout ce qu'il disait. Puis je lui ai demandé s'il pouvait entendre la façon dont je me sentais. Il a dit : "Je sais comment tu te sens. Tu penses que c'est trop fort." J'ai répondu : "Très juste. J'essaie de ne pas me laisser déranger, mais ça ne marche pas." Il a suggéré : "Alors, mets-toi des boules de coton dans les oreilles."

« Cette fois encore, je n'ai pas argumenté. J'ai mis sa suggestion par écrit en disant : "C'est la toute première de nos idées ! Essayons d'en trouver d'autres qui pourraient faire notre affaire à tous les deux."

« Nous avons trouvé toutes sortes de possibilités – à partir du casque d'écoute qu'il pourrait porter, jusqu'à l'insonorisation de sa chambre, en passant par la pose d'une moquette, une légère diminution du volume et la fermeture de la porte de sa chambre et de celle de la cuisine.

« En faisant une révision finale de notre liste, nous avons rapidement éliminé les boules dans mes oreilles (je ne voulais pas me promener les oreilles bouchées), son casque d'écoute (la musique forte peut endommager les tympans) et l'insonorisation (trop coûteuse). Nous sommes toutefois tombés d'accord pour trouver utiles la pose d'une moquette dans sa chambre, la fermeture des portes et la diminution

– même légère – du volume. Mais au fond, ce qu'il voulait vraiment, c'était que j'écoute sa musique avec lui – pour voir si, par chance, elle me plairait.

« Je l'ai écoutée. Après un certain temps, j'ai en quelque sorte compris pourquoi cette musique l'attirait. J'ai même commencé à comprendre pourquoi ces paroles qui me déplaisaient tant pouvaient répondre aux besoins des jeunes. Je pense que les adolescents sont touchés par les paroles qui expriment leur colère et leur frustration.

« J'ai fini par aimer cette musique ? Non. Mais j'ai appris à mieux l'accepter. Et parce que j'ai volontiers passé du temps avec lui, dans son monde, je crois qu'il est devenu plus désireux de tenir compte de moi. Il me demandait même parfois : "Maman, c'est trop fort pour toi ?"

« Voilà pour ma propre expérience. Voyons maintenant comment la même approche pourrait s'appliquer à une situation qui est probablement familière à la plupart d'entre vous : le désordre, le fouillis, le chaos, peu importe comment vous l'appelez, dans une chambre d'ado. »

Les gens ont ri d'un air entendu.

— J'appelle ça le dépotoir, a renchéri Michael.

— Chez nous, a ajouté Laura, on appelle ça le trou noir. Ce qui y pénètre n'en sort jamais.

— Et comment appelez-vous les jeunes ?

C'est venu de partout dans la salle : « Des ploucs… Des cochons… Tu vis comme un animal… À voir ta façon de faire le ménage dans ta chambre, qui voudrait t'épouser ? »

J'ai fouillé dans mon porte-document.

— Voici une façon de remplacer ce genre de discours, ai-je ajouté en brandissant des bandes dessinées démontrant une application de la résolution de problème – étape par étape.

Dans les pages qui suivent, on retrouve ce que j'ai distribué au groupe.

Résoudre le problème ensemble

1ère étape

Invitez votre ado à donner son point de vue

2e étape

EXPRIMEZ VOTRE POINT DE VUE

3e étape

Invitez votre ado à faire du remue-méninges avec vous

4e étape

Écrivez toutes les idées
– sensées ou insensées – sans les évaluer

5e étape

RÉVISEZ VOTRE LISTE. CHOISISSEZ LES IDÉES SUR LESQUELLES VOUS VOUS ENTENDEZ ET DÉCIDEZ COMMENT LES RÉALISER.

— Je ne veux pas être négative, a dit Karen, parce que je vois comment cette approche pourrait fonctionner dans le cas d'un enfant dont la chambre est un fouillis. Mais ce problème n'est pas tellement sérieux. Cette semaine, Stacey a fait quelque chose qui m'a vraiment inquiétée. Je sais que ça m'a énervée et que j'ai empiré les choses. Mais je ne vois toujours pas comment j'aurais pu utiliser rien de tout ça avec elle.

— Qu'avait-elle fait ? a demandé Laura. Ne nous laissez pas dans le noir.

Karen a pris une grande respiration.

« D'accord, voici. Vendredi dernier, mon mari et moi avons fait une sortie restaurant et cinéma. Avant notre départ, Stacey, qui a treize ans, a demandé si deux de ses amies pouvaient venir à la maison, et bien sûr nous avons dit oui. Le film s'est terminé tôt. À notre retour, nous avons vu deux garçons sortir en courant de la porte de côté. Mon mari les a poursuivis. Je suis entrée.

« En ouvrant, je savais que quelque chose ne tournait pas rond. Les fenêtres étaient grandes ouvertes, il faisait très froid dans la maison, l'air était saturé d'odeur de cigarettes. Stacey et ses amies étaient dans la cuisine en train de dissimuler des cannettes de bière au fond d'un sac-poubelle en les couvrant de papier journal.

« Aussitôt qu'elle m'a vue, elle s'est écriée : “Ce n'est pas ma faute !”

« On en reparlera plus tard, ai-je répondu. J'ai renvoyé les filles chez elles. Après leur départ, Stacey a aussitôt commencé à me raconter une longue histoire remplie de toutes sortes d'excuses.

« Je lui ai dit que je n'en croyais rien, qu'elle connaissait les règles et qu'elle les avait enfreintes délibérément. Puis, j'ai ajouté que son père et moi n'en avions pas encore fini avec elle. Voilà pourquoi je suis ici ce soir. Mais la résolution de problème ? Je ne sais pas. Je ne vois vraiment pas en quoi ça peut m'être utile. »

— Nous n'en saurons rien à moins d'en faire l'essai, ai-je répondu. Vous accepteriez de faire un jeu de rôle avec moi ?

Karen avait l'air incertaine.

— Je jouerais quel rôle ?

— Celui de votre choix.

Elle a pris un moment de réflexion.

— Je pense que je devrais jouer celui de Stacey, parce que je connais le genre de choses qu'elle dirait. Alors, comment je commence ?

— Comme je suis ta mère, la personne que le problème préoccupe, c'est à moi de lancer la conversation.

J'ai approché ma chaise de celle de Karen.

— J'espère que c'est un bon moment pour toi, Stacey, parce qu'il faut parler d'hier soir.

Karen (maintenant Stacey) s'est enfoncée dans sa chaise en roulant des yeux.

— J'ai essayé de t'en parler, mais tu n'écoutais pas.

— Je sais, et ç'a dû te frustrer. Mais je suis prête à t'écouter, maintenant.

Voici la suite de notre dialogue.

Stacey :	Comme je le disais, je ne m'attendais pas à ce que ces garçons viennent. Je ne les connais même pas. Ils ne sont dans aucune de mes classes. Ils sont plus vieux.
La mère :	Donc, les garçons, c'était une surprise totale pour toi.
Stacey :	Exact ! Quand j'ai ouvert la porte pour Jessie et Sue, ces deux gars étaient debout derrière elles. Je ne les ai jamais invités à entrer. J'ai dit à Jessie que mes parents seraient fâchés si je laissais entrer des garçons.

La mère : Donc, tu leur as clairement dit que tu voulais qu'ils partent.

Stacey : Ouais, mais ils ont dit qu'ils resteraient juste quelques minutes.

La mère : Et tu les as crus.

Stacey : Oui. Tu sais, je ne croyais pas qu'ils se mettraient à fumer ou à boire. Quand je leur ai dit de ne pas le faire, ils se sont mis à rire. Je ne savais même pas que Jessie fumait.

La mère : Donc, tu as vraiment fait un effort pour les arrêter. Mais peu importe ce que tu disais, personne n'écoutait. Tu étais dans une position difficile, Stacey.

Stacey : Tu parles !

La mère : Stacey, voici comment j'ai vécu la chose. En arrivant, j'ai eu un choc de voir des gars se sauver en courant, de sentir la fumée dans la maison, de trouver des cannettes de bière dans les poubelles et...

Stacey : Mais maman, je viens de te le dire, ce n'était pas ma faute !!

La mère : Je le comprends maintenant. Mais je veux m'assurer que ça ne se reproduira pas. Alors, pour moi, la question est la suivante : comment faire en sorte que tu te sentes à l'aise de recevoir des amies ? Et que ton père et moi puissions avoir confiance que nos règles seront respectées – que nous soyons à la maison ou pas ?

Stacey : Maman, ce n'est pas sorcier. Tout ce que j'ai à faire, c'est dire à Sue et Jessie qu'elles ne peuvent jamais emmener de garçons ici en votre absence.

La mère :	D'accord, j'écris cela. C'est la première suggestion de notre liste. À mon tour : installer un judas dans la porte. De cette façon, tu peux voir qui est là avant d'ouvrir.
Stacey :	Et si quelqu'un veut fumer, je leur dirai de le faire dehors.
La mère :	On pourrait fabriquer quelques affiches DÉFENSE DE FUMER et les placer un peu partout dans la maison. Tu pourrais dire à tout le monde que ta mesquine de mère t'a forcée à le faire… Quoi d'autre ?

Karen a soudain laissé tomber son rôle.

— Je sais... je sais qu'on n'a pas terminé, et je sais qu'on est censées faire le tour de toutes les suggestions et décider lesquelles sont les meilleures et tout ça. Mais il faut que je vous dise ce qui s'est passé à l'intérieur de moi quand j'ai joué le rôle de Stacey. C'est tout à fait étonnant. Je me sentais tellement respectée… je sentais que ma mère m'écoutait vraiment… que je ne courais aucun risque en lui disant ce que je ressentais vraiment... qu'elle n'allait pas me sauter dessus… que j'étais assez intelligente pour trouver des idées... et que ma mère et moi nous faisions vraiment équipe.

J'ai adressé à Karen mon plus beau sourire. De sa façon inimitable, elle avait exprimé l'essentiel de ce que j'espérais transmettre. Je l'ai remerciée d'avoir plongé aussi profondément dans son rôle et de nous avoir fait part de son expérience intérieure.

Plusieurs personnes ont applaudi. Karen leur a souri.

— N'applaudissez pas tout de suite. Le vrai spectacle est encore à venir. Maintenant, la vraie mère doit retourner à la maison et arranger les choses avec la vraie Stacey. Souhaitez-moi bonne chance, tout le monde.

— Bonne chance, Karen ! lui ont lancé les participants.

La rencontre s'est terminée sur cette note joyeuse.

Les récits

Quand les parents ont pris le temps de s'asseoir avec leurs ados et de mettre à l'essai leurs nouvelles habiletés de résolution de problème, ils ont pris conscience de plusieurs choses nouvelles. Voici les grandes lignes de leurs rapports.

KAREN : LA RÉSOLUTION DE PROBLÈME PEUT VOUS AIDER À COMPRENDRE CE QUI SE PASSE RÉELLEMENT.

Après la rencontre de la semaine dernière, j'ignorais si Stacey serait même désireuse de me parler. Il y avait tellement de sentiments négatifs entre nous. Mais aussitôt que j'ai entrepris la toute première étape de la méthode – vous savez, vraiment écouter son point de vue et accueillir tous ses sentiments – elle est devenue une tout autre personne. Elle me disait tout à coup des choses qu'elle ne m'aurait jamais dites auparavant.

J'ai découvert qu'un des garçons était le nouvel ami de Jessie, qu'elle riait, faisait la folle et se pendait à son cou. Quand il lui a offert une cigarette, elle l'a prise et l'a fumée.

Je ne disais pas un mot. Je me contentais d'écouter en hochant la tête. Puis, elle a ajouté que les garçons avaient apporté six cannettes de bière. Après les avoir bues, ils ont commencé à chercher partout pour trouver autre chose à boire. L'un d'eux a trouvé l'endroit où l'on range les alcools et ils ont tous les deux pris un peu de whisky. Ils ont tenté de faire prendre un coup aux filles, mais seule Jessie l'a fait.

Mon Dieu, quel effort je devais faire pour garder mon calme ! Mais je suis contente de l'avoir fait, parce que plus nous parlions, plus je comprenais à travers quoi Stacey était passée. Je voyais qu'une partie d'elle-même était excitée par toute cette expérience, mais je crois qu'elle était surtout effrayée et dépassée.

Le seul fait de le savoir a rendu le reste de notre échange beaucoup plus facile. Je n'avais pas besoin de lui expliquer comment je me sentais : Stacey connaissait déjà mon point de vue sur la cigarette et l'alcool. Il ne nous a pas fallu beaucoup de temps pour nous mettre à trouver des solutions. Voici la liste sur laquelle nous nous sommes mises d'accord.

- Aucun garçon dans la maison en l'absence des parents.
- Aucune boisson alcoolisée n'est permise.
- Si quelqu'un a absolument besoin de fumer, il doit le faire dehors.
- Maman mettra Sue et Jessie au courant des nouvelles règles de la maison (de façon amicale).
- Papa mettra les alcools sous clé.
- Si on a besoin de l'aide d'un adulte et qu'on ne peut pas joindre les parents, appeler un des numéros affichés sur la porte du frigo.

Après avoir terminé notre liste, nous nous sentions toutes les deux plutôt bien. Nous avions trouvé des solutions ensemble. Je n'étais plus la seule à faire la loi. Stacey avait eu son mot à dire sur ce que devrait être la loi.

LAURA : IL N'EST PAS TOUJOURS NÉCESSAIRE DE PARCOURIR CHAQUE ÉTAPE DE LA RÉSOLUTION DE PROBLÈME POUR EN ARRIVER À UNE SOLUTION.

Quand Kelly est venue virevolter dans ma chambre pour me montrer son nouvel ensemble, elle pétillait d'excitation.

— Maman, regarde ce que je me suis acheté avec l'argent de mon anniversaire ! C'est cool, non ? C'est très mode ! Ça te plaît ?

Je lui ai jeté un coup d'œil et j'ai pensé : *Heureusement, son école a un code vestimentaire.* Puis j'ai pensé : *Bon, c'est peut-être le moment pour mère et fille de faire une résolution de problème.* J'ai commencé par la première étape – ses sentiments.

— Je t'entends, Kelly. Tu aimes la façon dont ce petit chemisier se marie avec ces jeans à taille basse.

Puis, j'ai exprimé mes sentiments.

— Je trouve cette apparence trop suggestive. Je ne veux pas que ma fille se promène en public en montrant toute cette peau nue, y compris son nombril. Je crois que ça envoie le mauvais message.

Ça ne lui a pas plu. Elle s'est laissée tomber sur une chaise.

— Oh, maman, tu es tellement vieux jeu !

— C'est peut-être vrai, mais est-il possible de trouver une quelconque solution dont…

Elle ne m'a pas laissée terminer ma phrase.

— Donc, je ne vais pas le porter en public. Seulement dans la maison, quand je flânerai avec mes amies. D'accord ?

— D'accord.

Ça s'est terminé là. Du moins pour le moment. Parce que je sais ce qui se passe de nos jours. Les filles passent la porte avec une allure que ma mère qualifierait de *parfaites petites dames.* Mais dès qu'elles ont tourné le coin, le chemisier remonte, les jeans s'abaissent, et le nombril est de nouveau en évidence.

JIM : NE REJETEZ AUCUNE DES SUGGESTIONS DE VOTRE ADO. PARFOIS, LES PIRES IDÉES PEUVENT CONDUIRE AUX MEILLEURES.

Jared, mon fils de quatorze ans, s'est mis à se plaindre que sa sœur, qui en a douze, le rend fou. Chaque fois qu'il reçoit ses amis, elle s'arrange pour trouver des raisons d'entrer dans sa chambre et se faire remarquer. Je comprends ce qui se passe, mais ça rend Jared furieux. Il lui crie de s'en aller et il crie à ma femme de l'empêcher d'entrer.

Un soir, après le repas, j'ai décidé d'essayer la résolution de problème avec lui. La première étape m'a demandé un peu de maîtrise de moi-même. Il a fallu que je me force à m'asseoir pour écouter la liste de ses plaintes au sujet de sa sœur. Une fois parti, il ne pouvait plus s'arrêter.

— C'est une vraie peste… Elle vient toujours se montrer le nez quand mes amis sont là… Elle se trouve toutes sortes d'excuses pour venir dans ma chambre… Elle a besoin de papier ou elle veut me montrer quelque chose… Elle ne frappe jamais… Quand je lui dis de partir, elle reste plantée là comme une idiote.

J'ai reconnu avec lui que ça devait être frustrant, mais j'ai décidé de ne rien dire de ma propre frustration à l'entendre parler ainsi de sa sœur. Je savais qu'il n'était pas d'humeur à entendre mes sentiments.

Quand j'ai dit qu'il nous fallait trouver quelques idées créatives pour régler le problème, sa première suggestion a été : *l'envoyer sur Mars.*

J'ai écrit sa suggestion et il a affiché un large sourire. Le reste de la liste a suivi rapidement.

- Placer une affiche DÉFENSE D'ENTRER sur ma porte. (Jared)
- Papa devrait lui dire qu'elle ne doit *jamais* venir dans ma chambre sans mon accord. (Jared)
- Jared devrait lui-même dire à sa sœur, calmement et *diplomatiquement*, qu'il veut qu'on respecte son intimité quand ses amis lui rendent visite. (Papa)
- Faire une entente avec elle. Si elle me laisse seul avec mes amis, je ne taquinerai pas ses amies quand elles viendront. (Jared)

Nous avons laissé la liste telle quelle. C'était il y a quelques jours. Depuis, Jared a eu une causette avec Nicole, et moi aussi. Mais la véritable épreuve est encore à venir. Ses amis doivent venir samedi pour une répétition de leur orchestre.

MICHAEL : SI NOUS UTILISONS L'APPROCHE DE RÉSOLUTION DE PROBLÈME AVEC NOS ADOS, ILS SERONT DAVANTAGE PORTÉS À L'UTILISER AVEC NOUS.

Je venais d'entendre Jeff parler au téléphone avec son ami. Il s'agissait d'un concert rock *génial* auquel il fallait à tout prix assister.

— Papa, il faut vraiment que je te parle.

J'ai pensé : *Oh, oh ! Ça recommence ! La même vieille discussion. « Tu ne me laisses jamais aller nulle part. Il n'arrivera rien de terrible. Aucun autre père… etc., etc. »*

Mais à ma grande surprise, voici ce qu'il a dit.

— Papa, Keith veut que j'aille à un concert samedi soir. C'est en ville. Mais avant que tu dises un mot, je veux entendre toutes tes objections. Toutes tes raisons de refuser que j'y aille. Je vais tout mettre par écrit. Tu sais, comme tu as fait avec moi la semaine dernière.

J'avais une longue liste à lui donner. Ça m'inquiète que deux garçons de quinze ans attendent seuls à un arrêt de bus tard le soir. Je me fais du souci à propos de toutes les drogues qui circulent durant les concerts. À propos des agresseurs et des voleurs à la tire à la recherche de cibles faciles. À propos des risques de blessures lorsque des jeunes se lancent depuis l'estrade dans les bras d'autres jeunes qui les attrapent. Et je m'objecte aux paroles haineuses des chansons qui rabaissent les femmes, la police, les homosexuels et les minorités.

Quand je me suis tu, il a repassé les notes qu'il avait gribouillées et il a commenté chacune de mes inquiétudes.

Il a dit que Keith et lui s'assureraient de ne pas être seuls à l'arrêt d'autobus. Qu'il placerait son porte-monnaie dans la poche intérieure de sa veste et qu'il garderait sa veste fermée. Que ses amis et lui ne prenaient pas de drogues. Qu'il ne savait pas si des gens se jetteraient en bas de l'estrade, mais que si cela se produisait, il se contenterait de regarder. Et qu'il n'était pas idiot au point de laisser quelques paroles débiles d'une chanson le transformer en espèce de fanatique.

J'étais tellement impressionné de sa maturité que j'ai accepté de le laisser y aller – à certaines conditions. Qu'ils n'auraient pas à prendre l'autobus, son ami et lui. Que sa mère et moi les conduirions en ville en voiture. Que nous irions au cinéma pendant le concert, pour les reprendre par la suite.

— Si ce plan te convient, ai-je ajouté, tout ce qu'il te reste à faire, c'est d'appeler la billetterie afin de savoir à quelle heure se terminera le concert.

Il m'a remercié. Et moi, je l'ai remercié d'avoir pris mes inquiétudes au sérieux. Je lui ai dit que sa façon de m'aborder m'avait aidé à bien considérer la question.

Joan : Certains problèmes dépassent la résolution de problème. Parfois, il faut une aide professionnelle.

J'avais cru tout d'abord que si Rachel perdait du poids, c'était à cause de tout l'exercice qu'elle faisait dernièrement. Mais je n'arrivais pas comprendre pourquoi elle était constamment fatiguée et manquait d'appétit. Peu importe ce que je préparais – même ses mets favoris – elle se contentait d'une ou deux bouchées et repoussait le reste dans son assiette. Quand je la pressais de manger davantage, elle répondait qu'elle n'avait pas vraiment faim ou que, de toute façon, elle était trop grosse.

Un matin, je l'ai croisée par hasard alors qu'elle sortait de la douche. Je n'en croyais pas mes yeux. Son corps été émacié. Elle n'avait que la peau et les os.

J'étais complètement déconcertée. J'ignorais si c'est le genre de problème qu'on peut résoudre en s'asseyant ensemble, mais je me devais de le tenter. La toute première étape – accueillir ses sentiments – a été un échec total.

— Ma chérie, je sais que, dernièrement, je t'ai rappelé sans répit que tu ne manges pas assez. Je sais que ça peut devenir irritant et je peux comprendre pourquoi tu…

Avant que j'aie pu ajouter un seul mot, elle s'est emportée.

— Je refuse d'en parler. Ça ne te regarde pas. C'est mon corps et ce que je mange me regarde !

Puis elle s'est enfermée dans sa chambre en claquant la porte.

C'est alors que j'ai appelé notre médecin de famille. Je lui ai dit ce qui se passait et il m'a vivement conseillé de lui amener Rachel pour qu'il l'examine. Elle est finalement sortie de sa chambre.

— Rachel, lui ai-je alors dit, je sais que, selon toi, je ne devrais pas m'inquiéter de tes habitudes alimentaires. Mais un fait demeure : je me fais du souci. Tu es ma fille, je t'aime et je veux t'aider, mais je ne sais pas comment faire. C'est pourquoi j'ai pris un rendez-vous avec le médecin.

Elle a été impitoyable.

— Je n'ai pas besoin d'aide ! C'est toi qui as un problème, pas moi !

Mais je n'ai pas reculé. Quand nous avons finalement rencontré le médecin, il a confirmé mes pires inquiétudes. Rachel souffrait de troubles du comportement alimentaire. Elle avait perdu six kilos et n'avait pas eu ses dernières règles. Et sa tension artérielle était basse.

Le médecin a été très direct avec elle. Il lui a dit qu'elle avait un problème de santé qui pouvait devenir sérieux si on ne s'en occupait pas immédiatement. Heureusement, selon lui, qu'on l'avait pris à temps. Il lui a recommandé de suivre un programme conçu à cette fin. Quand elle a demandé :

« Quel genre de programme ? », il a expliqué qu'il s'agissait d'une approche multidisciplinaire – combinant consultations individuelles et en groupe, ainsi que conseils nutritionnels.

Rachel avait l'air accablée. À notre départ, le médecin lui a pris la main en souriant.

— Rachel, je t'ai connue toute petite. Tu es une fille courageuse. J'ai pleine confiance en toi. Quand tu vas participer à ce programme, tu vas faire en sorte qu'il t'apporte des bénéfices.

J'ignore si Rachel a pu saisir ce qu'il disait, mais j'étais reconnaissante envers le médecin pour ses paroles et très soulagée. Je n'étais plus toute seule à faire face à cela. J'avais de l'aide à l'extérieur.

Aide-mémoire

TROUVER UNE SOLUTION ENSEMBLE

Un des parents :
— C'est la deuxième fois que tu ne respectes pas l'heure du retour ! Alors, tu peux laisser tomber toute idée de sortie samedi soir prochain. Tu restes à la maison tout le week-end.

À LA PLACE :

Étape 1 – Invitez votre ado à donner son point de vue.

Le père ou la mère :
— Tu as du mal à respecter l'heure du retour.

L'ado : — Je suis la seule qui doit être de retour à 22 h. Je dois toujours partir alors que tout le monde a du plaisir.

Étape 2 – Exprimez votre point de vue.

Le père ou la mère :
— Quand je t'attends à une certaine heure et que tu n'es toujours pas rentrée, je m'inquiète. Mon imagination se met à galoper.

(se poursuit à la page suivante)

Aide-mémoire

TROUVER UNE SOLUTION ENSEMBLE (SUITE)

Étape 3 – Invitez votre ado à faire un remue-méninges avec vous.

Le père ou la mère :

— Essayons de voir si nous pouvons trouver quelques idées qui pourraient te donner un peu plus de temps avec tes amis et me donner à moi de la tranquillité d'esprit.

Étape 4 – Notez toutes les idées – sans les évaluer.

1. Permets-moi de rentrer à l'heure que je veux et ne m'attends pas. (ado)
2. Ne plus te laisser sortir avant ton mariage. (père ou mère)
3. Repousser l'heure du retour jusqu'à 23 h. (ado)
4. Retarder l'heure du retour jusqu'à 22 h 30 – pour le moment. (père ou mère)

Étape 5 – Révisez votre liste et choisissez quelles idées vous voulez mettre en application.

L'ado : — 22 h 30, c'est mieux. Mais pourquoi pour le moment ?

Le père ou la mère :

— Ça peut devenir permanent. Tout ce que tu as à faire, c'est de prouver que tu peux revenir à l'heure à partir de maintenant.

L'ado : — Marché conclu !

5

À la rencontre des jeunes

JE VOULAIS RENCONTRER LES JEUNES.
J'avais entendu parler d'eux. J'avais parlé d'eux. J'avais pensé à eux. Et maintenant, je voulais les rencontrer en personne. J'ai demandé aux parents ce qu'ils pensaient de l'idée de prévoir quelques rencontres avec leurs enfants – l'une pour que nous fassions connaissance, une autre pour leur enseigner quelques habiletés de base en communication, puis une dernière où nous pourrions nous retrouver tous ensemble.

La réaction ne s'est pas fait attendre : « Merveilleux !... Bonne idée !... J'ignore si je pourrai la convaincre de venir, mais je vais faire de mon mieux... Dites-moi seulement la date : il sera là. »

Nous avons fixé trois dates.

Les ados s'entassaient dans la salle. J'ai immédiatement commencé à associer mentalement chacun d'eux avec des parents, en essayant de deviner qui allait avec qui. Ce grand garçon mince, était-ce Paul, le fils de Tony ? Il avait une certaine ressemblance avec Tony. La fille au sourire amical, était-ce Kelly, la fille de Laura ? Puis, je me suis dit : *Non, ne fais pas ça. Essaie plutôt de connaître ces jeunes en tant qu'individus, non comme des prolongements de leur père ou de leur mère.*

Une fois tout le monde en place, j'ai pris la parole.

« Comme vos parents vous l'ont sans doute mentionné, j'enseigne des méthodes de communication qui peuvent aider les personnes de tout âge à mieux s'entendre entre elles. Mais comme vous le savez bien, il n'est pas toujours facile de *mieux s'entendre.* Cela signifie que chacun doit être capable d'entendre l'autre et, à tout le moins, de faire un effort pour comprendre son point de vue.

« Les parents comprennent certainement leur propre point de vue. Mais je crois qu'il manque à plusieurs d'entre eux – y compris moi – une compréhension plus profonde du point de vue de la génération plus jeune. C'est sur ce point que vous pouvez nous être utiles. J'espère aujourd'hui en arriver à mieux saisir ce que vous considérez être vrai – à vos propres yeux ou à ceux de vos amis. »

Le garçon qui ressemblait à Tony a souri.

— Alors, qu'est-ce que vous voulez savoir ? Demandez-le-moi. Je suis un expert.

— Ouais, vraiment ? a protesté un autre garçon d'un ton moqueur. Expert en quoi ?

— Nous allons bientôt le savoir, ai-je répondu en distribuant le questionnaire que j'avais préparé. Jetez-y un coup d'œil, s'il vous plaît, et voyez à quoi vous êtes à l'aise de répondre. Nous en discuterons ensuite.

— Qui va lire ce que nous écrivons ? a demandé un autre garçon en levant la main.

— Moi seule. Il n'est pas nécessaire d'inscrire votre nom sur la feuille. Personne ne va savoir qui a écrit quoi. La seule chose qui m'intéresse, c'est votre réponse sincère.

Je n'étais pas certaine s'ils seraient disposés à écrire après une longue journée passée en classe, mais ils l'ont fait. Ils ont étudié chacune des questions, ont regardé par la fenêtre, se sont penchés sur leurs feuilles, puis ils ont écrit vite et consciencieusement. Après que tous aient terminé, nous avons repassé ensemble chacune des questions et nous en avons discuté. La plupart des jeunes ont lu leur réponse à haute voix ; d'autres ont spontanément ajouté des commentaires ; et quelques-uns ont écouté en silence, préférant remettre leurs réponses écrites. Voici les points saillants de ce qu'ils avaient à dire.

Quand les gens font un commentaire du genre : « Eh oui, c'est un ado ! », que veulent-ils dire, selon vous ?

- Qu'on est immatures, tous des gamins, des enquiquineurs. Mais je ne suis pas d'accord. Tout le monde peut agir ainsi à tout âge.
- Que tous les ados sont des fauteurs de trouble. Mais c'est faux. C'est insultant. Il n'y a pas qu'une seule sorte d'ados. On est tous différents.
- Ils disent toujours qu'on devrait savoir mieux, ou qu'on devrait se comporter comme des gens de notre âge. Mais c'est justement ce que nous faisons !
- C'est humiliant et insultant que les adultes aient une aussi piètre opinion de nos capacités.
- Ils croient nous connaître. Ils disent qu'ils avaient les mêmes problèmes quand ils étaient jeunes. Mais ils ne se rendent pas compte que les temps ont changé et les problèmes aussi.

Quel est, selon vous, le principal avantage d'avoir votre âge – pour vous ou pour vos amis ?

- Avoir plus de privilèges. Moins de limites, de frontières.
- Avoir du plaisir et faire ce que j'aime faire.
- Avoir des petits amis.
- Veiller plus tard le week-end et aller au centre commercial avec mes amis.
- Profiter de la vie sans avoir les responsabilités que j'aurai plus tard, je le sais bien.
- M'approcher du moment où je pourrai conduire.

- Il y a la liberté de faire des expériences, mais aussi la sécurité et l'amour de notre famille, où on peut retourner quand quelque chose va de travers.

Nommez quelques-unes des inquiétudes des jeunes de votre âge.

- Ne pas trouver sa place.
- Ne pas être accepté socialement.
- Perdre des amis.
- Les jeunes s'inquiètent de l'opinion des autres à leur sujet.
- On s'inquiète de notre apparence – vêtements, coiffure, chaussures, marques de vêtements.
- Les filles doivent être minces et jolies. Les gars doivent être cool et athlétiques.
- On se fait du souci au sujet de la compétition quant aux notes ; de la tonne de devoirs à faire chaque soir ; et du succès qu'il faut avoir dans toutes les matières.
- Notre avenir et avoir de bons résultats scolaires.
- Je m'inquiète à propos des drogues, de la violence, des attaques terroristes, des trucs de ce genre.
- J'ai peur qu'il y ait une attaque à l'école et qu'un tas de gens soient tués. C'est si facile de se procurer une arme.
- Les ados ont beaucoup de stress. Peut-être encore plus que leurs parents. Les parents peuvent nous dire tout ce qu'ils veulent, mais pas question qu'on leur dise ce qu'on aimerait leur dire.

Est-ce que vos parents disent ou font des choses qui vous sont utiles ?

- Mes parents discutent certaines choses avec moi, et on essaie de trouver des solutions.

- Ma mère sait quand je suis de mauvaise humeur et elle me laisse tranquille.
- Ma mère me dit toujours que j'ai l'air bien – même si ce n'est pas vrai.
- Mon père m'aide si je ne comprends pas mes devoirs.
- Une fois, mon père m'a parlé des ennuis qu'il s'est attiré quand il était jeune. Ça m'a fait me sentir mieux quand j'ai eu des ennuis.
- Ma mère me parle des choses à dire si des gens veulent que j'essaie des drogues.
- Mes parents me rappellent toujours d'avoir un but dans la vie. « Tant que tu as un but, tu vas rester dans la bonne voie. »

Est-ce que vos parents disent ou font des choses qui ne vous sont pas utiles ?

- Ils me blâment pour des choses qui ne sont pas vraies. Quand je leur parle de choses qui me mettent en colère, ils me disent d'aller me reposer ou de laisser tomber. J'en ai marre.
- Je déteste me faire dire que j'ai une mauvaise attitude. Parce qu'aucun enfant ne vient au monde avec une mauvaise attitude. Ce n'est pas comme ça qu'on est en dedans. Des fois, c'est la faute des parents. Ils peuvent donner le mauvais exemple.
- Mes parents critiquent ma méthode de travail, ce qui est injuste car je réussis bien à l'école.
- Je déteste que mes parents me crient par la tête.
- Mes parents travaillent trop fort. Il ne reste jamais assez de temps pour leur parler. Je veux dire à propos des trucs de tous les jours.
- Les parents ne devraient pas toujours critiquer et corriger leurs enfants. Mon frère a été élevé de cette manière. Et aujourd'hui, il a des problèmes avec l'autorité. Il quitte

tous ses emplois parce qu'il est incapable de s'entendre avec l'autorité. Je suis comme ça moi aussi. Je suis incapable d'endurer les corrections. Je déteste me faire corriger.

Si vous aviez un conseil à donner aux parents, que leur diriez-vous ?

- Ne dites pas : « Tu peux tout me dire », pour ensuite paniquer et nous faire un sermon si on leur raconte.
- Ne dites pas des choses comme : « Encore au téléphone ?... Encore en train de manger ? » quand vous voyez bien que c'est ce qu'on est en train de faire.
- Ne nous défendez pas de faire ce que vous faites vous-mêmes, comme boire ou fumer des cigarettes.
- Si vous revenez à la maison de mauvaise humeur, ne nous jetez pas vos problèmes sur les épaules, ne nous blâmez pas pour votre mauvaise journée.
- Les parents ne devraient pas se conduire gentiment à l'extérieur, puis à la maison nous lancer des injures, nous frapper et nous manquer de respect. Si les enfants sont méchants, c'est peut-être à cause de ce qu'ils voient à la maison. Même si les parents deviennent frustrés et voudraient dire quelque chose de méchant, ils devraient vraiment essayer de ne pas le faire.
- Les parents devraient croire en nous. Même si nous agissons mal, ça ne veut pas dire que nous sommes de méchantes personnes.
- Ne critiquez pas nos amis. Vous ne les connaissez pas vraiment.
- Ne nous faites pas sentir coupables si nous préférons nous tenir avec nos amis plutôt qu'avec la famille.
- Si vous voulez que vos enfants vous disent la vérité, ne les privez pas de sortie pour la moindre chose.

- Même si vos enfants ne sont plus très jeunes, dites-leur que vous les aimez.
- S'il existe une façon de permettre à vos enfants de faire l'expérience de la vie sans danger, trouvez-la et mettez-la en application, car c'est ce qu'il nous faut.

Si vous aviez un conseil à donner aux autres ados, que leur diriez-vous ?

- Ne fais pas de bêtises, comme te droguer, juste pour te faire aimer des autres jeunes.
- Sois amical avec tout le monde, même les jeunes qui ne sont pas populaires.
- N'en rajoute pas quand des jeunes s'en prennent à quelqu'un.
- Ne mets pas d'autres jeunes dans le pétrin en disant des méchancetés à leur sujet dans Internet.
- Fais-toi de vrais bons amis. Quand la vie te traitera durement et que tu n'auras personne d'autre, ils seront là.
- Si tu veux que tes parents te permettent de rentrer plus tard, commence par être de retour à l'heure.
- Si ton petit ami dit qu'il va te laisser tomber si tu ne fais pas l'amour avec lui, alors tu devrais le laisser tomber.
- Ne crois pas que tu peux fumer quelques cigarettes de temps à autre et que ça se termine là. Parce que mon ami a commencé de cette manière ; aujourd'hui il fume un paquet par jour.
- Si tu bois ou prends des drogues, sache simplement que tu pourrais ruiner ta santé et ton avenir. Certains jeunes disent qu'ils s'en fichent, que c'est leur corps et qu'ils en feront ce qu'ils veulent. Mais ils ont tort. Ils ne seront pas les seuls à en souffrir. Tous ceux qui les aiment seront déçus et désappointés.

Que souhaiterais-tu voir changer dans ta vie – à la maison, à l'école ou avec tes amis ?

- Je voudrais que mes parents se rendent compte que je ne suis plus un bébé et qu'ils me laissent faire plus de choses, comme aller en ville avec mes amis.
- Je voudrais que mes enseignants donnent moins de devoirs. Ils agissent tous comme si leur matière était la seule. Il nous faut rester debout très tard le soir pour tout terminer. Pas surprenant que nous soyons fatigués en classe.
- Je voudrais que mon emploi du temps ne soit pas aussi chargé d'heures d'études et de leçons de musique, et que j'aie plus de temps libre à passer avec mes amis.
- Je voudrais que les jeunes ne se montrent pas gentils devant toi pour ensuite parler de toi dans ton dos.
- Je voudrais que mes amis s'entendent tous bien et qu'ils n'essaient pas de me faire prendre parti.
- Je voudrais que les gens ne te jugent pas d'après ton apparence ou tes vêtements. C'est pourquoi Internet me plaît. Parce qu'alors, que tu sois bizarre ou laide, ça n'a aucune importance.
- Je voudrais que les jeunes ne se disputent pas pour des choses stupides comme : « Je t'ai vue avec mon petit ami. » La bagarre ne règle rien. Ça ne mène qu'à te faire renvoyer chez toi, et là tes parents te punissent eux aussi.
- Je voudrais que les parents ne poussent pas leurs enfants à être parfaits. Je veux dire que nous n'avons qu'une vie à vivre, alors pourquoi pas se détendre un peu et profiter de notre adolescence ? Pourquoi faut-il être excellent tout le temps ? Oui, nous avons des rêves et des buts, mais est-ce possible de les atteindre sans tout ce stress ?

Après la discussion entourant la dernière question, les regards se sont fixés sur moi, avec l'air d'attendre quelque chose.

— Vous savez ce que moi je souhaiterais ? leur ai-je demandé. J'aurais aimé que les parents et les adolescents de partout aient pu entendre ce que vous aviez à dire cet après-midi. Je crois qu'ils se seraient rendu compte de plusieurs choses importantes, qui pourraient leur être très utiles.

Les jeunes ont semblé apprécier mon commentaire.

— Avant de nous quitter, ai-je demandé, y a-t-il quelque chose dont nous n'avons pas parlé, mais dont, selon vous, vos parents devraient se rendre compte ?

Une main s'est levée à moitié, s'est baissée, puis redressée de nouveau. C'était le garçon qui ressemblait à Tony.

— Ouais. Dites-leur que des fois on crie et on dit des choses qui les contrarie beaucoup. Mais ils ne devraient pas se sentir visés. Dans bien des cas, on ne pense même pas à ce qu'on dit.

— C'est vrai, a ajouté la fille dont le sourire ressemblait tellement à celui de Laura. Dites-leur aussi de ne pas sauter les plombs quand on ne nettoie pas notre chambre ou qu'on ne leur donne pas un coup de main. On n'est pas des fainéants. Des fois, on est trop fatigués, ou quelque chose nous préoccupe, ou on doit parler avec nos amis.

— Demandez aux parents, a clamé une autre fille, s'ils aimeraient qu'on leur dise, dès leur retour du travail : « Tu as encore laissé les assiettes sales dans l'évier !… ou : Je veux que tu commences le repas, tout de suite !… ou : Pas de télé avant d'avoir payé toutes tes factures ! »

Éclat de rire général.

— En fait, a-t-elle ajouté, ma mère crie moins depuis qu'elle suit votre cours. Je ne sais pas ce qu'elle y apprend, mais elle est moins souvent sur le point d'exploser.

— Ce que ta mère et les autres parents apprennent, ai-je répondu, ce sont les mêmes habiletés de communication que je suis impatiente de vous présenter la semaine prochaine. Nous allons explorer ensemble des idées qui peuvent aider les gens à rendre toutes leurs relations plus harmonieuses.

— Toutes ? a demandé une des filles. Ça veut dire avec nos amis aussi ?

— Avec vos amis aussi, ai-je répondu avec assurance.

Dans sa façon de poser sa question, quelque chose m'a pourtant amenée à faire une pause. Pour la rencontre suivante, je n'avais pas prévu me concentrer sur les amis, mais je me suis soudain demandé si ce n'était pas la chose à faire. Peut-être fallait-il que je me laisse guider par les jeunes. Nombre de leurs commentaires avaient porté sur l'importance qu'ils accordent aux amis. J'étais incitée à me rendre compte, une fois de plus, à quel point les ados investissent affectivement dans leurs relations avec les jeunes de leur âge.

J'ai donc demandé au groupe :

— Aimeriez-vous qu'on utilise la prochaine rencontre pour voir comment ces habiletés de communication peuvent s'appliquer dans vos relations avec vos amis ?

Personne n'a répondu sur le coup. Les jeunes se regardaient les uns les autres, puis se tournaient vers moi. Finalement, quelqu'un a dit : « C'est cool. »

Les têtes ont hoché affirmativement.

— Alors, c'est ce que nous ferons. À la semaine prochaine.

6

Les sentiments, les amis et la famille

— Grouille-toi le cul, idiot !

— Ferme-la, tas d'ordures !

Ces paroles m'ont frappée pendant que je faisais mon entrée entre les groupes d'ados traînant près des vestiaires, à la fin de la journée scolaire. La conseillère d'orientation est accourue vers moi dans le couloir.

— Je suis si contente de vous avoir attrapée ! s'est-elle exclamée. Votre rencontre est dans la salle 307, aujourd'hui. N'ayez crainte. J'ai contacté tous les jeunes et leur ai fait part du changement.

Je l'ai remerciée et me suis hâtée dans l'escalier, en tentant d'éviter la horde de jeunes qui déferlait en se poussant et se bousculant.

— Ouille ! Regarde où tu marches, sac à merde !

— Fais gaffe toi-même, fainéant !

— Hé, trou de cul, attends-moi !

Que se passe-t-il ? me suis-je demandé. C'est ainsi que les ados se parlent, de nos jours ?

Quand je suis parvenue à la salle 307, la plupart des jeunes m'attendaient déjà à la porte. Je les ai fait entrer, et pendant qu'ils prenaient place, j'ai décrit ce que je venais tout juste d'entendre.

— Dites-moi, c'est courant, ce genre de langage ?

Ma naïveté les a fait rire.

— Ça ne vous choque pas ? ai-je poursuivi.

— Non, c'est juste pour rire. Tout le monde le fait.

— Pas tout le monde.

— Mais un tas de jeunes le font.

J'étais interloquée.

— Comme vous le savez, mon travail porte sur les relations. Sur la manière dont les mots que l'on utilise pour communiquer influence les sentiments que nous éprouvons les uns envers les autres. Il faut donc que je vous le demande. Êtes-vous sérieusement en train de me dire que ça ne vous fait rien de venir chaque jour à l'école en sachant qu'avant la fin de la journée, vous vous ferez probablement traiter de fainéant, de sac à merde ou pire encore ?

Un des garçons a haussé les épaules.

— Ça m'est égal.

— Moi aussi, a ajouté un autre.

Je ne pouvais pas laisser tomber.

— Ainsi, personne ici ne proteste contre ce genre de discours ?

Après une courte pause, une fille a admis :

— Des fois, je proteste. Je sais que je ne devrais pas, car mes amies et moi, on se traite de tous les noms. C'est juste pour rigoler. Vous savez, pour s'amuser. Mais si on rate une interro et qu'on se fait traiter de retardée – ça m'est arrivé une fois – ou si ma coupe de cheveux est ratée et qu'une amie me dit que j'ai l'air bizarre – ça aussi, ça m'est arrivé – alors ce n'est plus aussi drôle. Je fais comme si ça ne me dérangeait pas. Mais c'est juste en surface.

— Qu'arriverait-il, selon toi, si tu ne faisais pas semblant ? Si, à la place, tu disais à ton amie comment tu te sens intérieurement ?

— Ça se passerait mal, a-t-elle répondu en secouant la tête.

— Pourquoi ?

— Parce que mes amies me rabaisseraient ou riraient de moi.

— Ouais, a approuvé une autre fille. Elles penseraient que tu es trop sensible et que tu cherches à être différente ou meilleure, et alors elles ne voudraient plus être tes amies.

Plusieurs mains se sont levées. Les jeunes avaient beaucoup de choses à dire.

— Mais il ne s'agit pas de vraies amies. Je veux dire, si tu dois faire l'hypocrite et prétendre que ça ne te fait rien, juste pour faire partie du groupe, ça va pas.

— Ouais, mais un tas de jeunes feraient n'importe quoi pour être acceptés.

— C'est vrai. Je connais quelqu'un qui a commencé à boire et à faire d'autres trucs juste parce que ses amis le font.

— Mais c'est tellement idiot ! Tu devrais être capable de faire ce que tu crois être juste et laisser tes amis faire ce qu'ils veulent. Vivre et laisser vivre !

— Ouais ! Mais ça marche pas comme ça dans la réalité. Tes amis ont beaucoup d'influence sur toi. Et si tu ne veux pas suivre, ils pourraient te laisser tomber.

— Et alors ? Qui veut cette sorte d'amis ? Je crois qu'un ami véritable, c'est quelqu'un avec qui tu peux être toi-même, quelqu'un qui ne cherche pas à te changer.

— Quelqu'un qui t'écoute et qui se soucie de la façon dont tu te sens.

— Ouais, quelqu'un à qui tu peux parler si tu as un problème.

J'étais touchée par les paroles des jeunes. Leurs amis sont tellement importants à leurs yeux que certains d'entre eux sont prêts à mettre de côté une partie d'eux-mêmes pour faire partie du groupe. Et pourtant, à un certain niveau, ils connaissent tous ce qui donne un sens à une amitié mutuellement satisfaisante.

— Il faut croire que nous sommes sur la même longueur d'ondes, ai-je conclu. Depuis notre dernière rencontre, j'ai beaucoup réfléchi. Je me suis demandé comment les habiletés que j'enseigne aux adultes pourraient s'appliquer aux relations entre adolescents. Vous venez tout juste de mettre les choses au clair : la qualité que vous appréciez le plus chez un ami, c'est sa capacité d'écouter, d'accueillir et de respecter ce que vous avez à dire. Maintenant, comment peut-on mettre cette idée en pratique ?

J'ai tendu le bras vers mon porte-document pour en tirer le matériel que j'avais préparé.

— Voici plusieurs exemples où un ami essaie de se faire comprendre d'un autre. Prenez note du contraste qui existe entre la sorte de réponse qui pourrait saboter une relation et celle qui procure réconfort et soutien. Examinons ces feuilles ensemble, ai-je ajouté en les distribuant au groupe. Y a-t-il des volontaires pour jouer les différents rôles ?

Aucune hésitation. Ils voulaient tous en être les *acteurs*. À travers les éclats de rire, ils ont lu leurs rôles avec énergie et emphase dramatique. Assise en train de regarder les illustrations tout en entendant les voix de jeunes en chair et en os, j'avais l'impression de regarder des dessins animés.

Au lieu de critiquer…

Quand les gens sont bouleversés, les questions et la critique peuvent aggraver leur état.

Montre que tu es à l'écoute , par un signe de tête, un son ou un mot

Parfois, un son, un grognement ou un mot compatissants peuvent aider une amie à se sentir mieux et à penser plus clairement.

Au lieu de ne tenir aucun compte des pensées et des sentiments…

Quand un ami ne prend pas tes sentiments au sérieux, il est fort possible que tu n'aies pas le goût de poursuivre la conversation.

Formule les pensées et les sentiments

C'est beaucoup plus facile de parler avec quelqu'un qui accueille tes sentiments et qui te donne une chance de tirer tes propres conclusions.

Au lieu de ne pas prendre les désirs au sérieux…

Quand une amie ne prend pas tes désirs au sérieux et te reproche même d'en avoir,tu peux te sentir rabaissée et frustrée.

Donne en imagination ce que tu ne peux donner en réalité

C'est plus facile de faire face à la réalité si une amie peut nous donner ce que nous voulons grâce à l'imaginaire.

— Que pensez-vous de ces exemples ? ai-je demandé.

Les réponses sont venues lentement.

— On ne parle pas de cette manière, mais on devrait peut-être le faire.

— Ouais, parce que les exemples qui montrent la *mauvaise* manière te font sentir comme une véritable ordure.

— Mais il ne faut pas se contenter de prononcer les *bons* mots. Il faut être sérieux, sinon les gens vont te prendre pour un hypocrite.

— Dans un sens, tout ceci n'a pas l'air vraiment naturel. C'est une manière différente de parler. Mais, si on s'y habitue, peut-être que...

— Je pourrais m'habituer à entendre ces mots-là. Je ne sais pas si je pourrais m'habituer à les prononcer. Et je ne sais pas ce qu'en penseraient mes amis si je le faisais.

— Toute cette histoire m'impressionne. J'aimerais que tout le monde parle à tout le monde de cette manière.

— Y compris les jeunes à leurs parents ? ai-je demandé.

Ils se sont tus.

— Quand, par exemple ? a demandé quelqu'un.

— Par exemple, si ton père ou ta mère est mécontent de quelque chose.

La perplexité que je lisais sur leur visage m'indiquait qu'une nouvelle perspective venait de s'ouvrir pour eux.

« Imaginez seulement, ai-je enchaîné, qu'un soir, votre mère ou votre père revient du travail fatigué. Il ou elle se plaint de sa journée : il y avait beaucoup de circulation, l'ordinateur fonctionnait mal, le patron ne cessait pas de crier, et tout le monde a dû rester tard afin de rattraper le temps perdu.

« Vous pourriez réagir en disant : "Tu crois avoir eu une mauvaise journée ? La mienne était bien pire." Ou encore, vous pourriez montrer que vous comprenez en disant "Oh !" sur un ton sympathique. Ou en mettant des mots sur ses pensées et ses sentiments. Ou même en lui offrant par la fantaisie ce que vous ne pouvez pas lui donner dans la réalité. »

Le groupe était intrigué par le défi que je venais de lancer. Après une courte pause, l'un après l'autre, ils sont entrés en contact avec leurs parents imaginaires.

— Ma foi, maman, ta journée semble avoir été dure.

— C'est enquiquinant quand l'ordinateur fait défaut.

— Tu dois détester entendre crier le patron.

— Ce n'est pas rigolo de rester pris dans la circulation.

— Je parie que tu aimerais pouvoir te rendre au travail à pied.

— Que tu n'aurais jamais à faire des heures supplémentaires !

— Que ton ancien patron soit à retraite et que le nouveau ne crie pas.

Ils souriaient tous, maintenant, visiblement contents d'eux-mêmes.

— Vous savez quoi ? a demandé une fille. Je vais essayer ça ce soir avec ma mère. Elle passe son temps à se plaindre de son emploi.

— Et moi, c'est avec mon père, a ajouté un garçon. Il arrive souvent tard et se plaint de sa fatigue.

— Je parie, ai-je conclu, qu'il y aura un peu partout, ce soir, des parents reconnaissants. Et n'oubliez pas de les emmener avec vous à notre dernière rencontre, la semaine prochaine. Ce sera intéressant de voir ce qui peut se produire quand nous mettons nos idées ensemble.

Aide-mémoire

Les sentiments doivent être accueillis

Une fille : *— Briana est tellement snob ! Elle est passée tout droit quand elle m'a aperçue dans le couloir. Elle salue seulement celles qui sont cool.*

Son amie : *— T'en fais pas. T'occupe pas d'elle.*

Au lieu de nier les sentiments :

Reconnaissez les sentiments par un son ou un mot :

— Oh !

Identifiez les sentiments :

— Tu sais à quel point elle est snob, mais ça te rend furieuse. Personne n'aime se faire ignorer.

Donnez par l'imaginaire ce que vous ne pouvez donner dans la réalité :

— Tu souhaiterais qu'une des filles cool rende à Briana la monnaie de sa pièce. Qu'elle passe devant elle comme si elle n'existait pas. Puis, qu'elle salue quelqu'un d'autre avec un grand sourire.

7

Parents et ados ensemble

Ce soir, il s'agissait d'une première pour chacun d'entre nous. À l'entrée de chaque famille, chacun prenait un siège, mais la tension était palpable. Personne ne savait à quoi s'attendre. Et moi encore moins que les autres. Les parents seraient-ils gênés par la présence de leurs ados ? Les jeunes se retiendraient-ils en sachant que leurs parents les surveillaient ? Est-ce que je serais en mesure d'aider les deux générations à se sentir à l'aise l'une avec l'autre ?

Après un mot de bienvenue, je me suis lancée.

« Nous sommes ici ce soir pour explorer des façons de parler et d'écouter qui peuvent être utiles à tous les membres de la famille. Ça ne semble pas difficile à première vue, mais ça l'est parfois. Surtout à cause d'un simple fait : dans une même famille, il n'y a pas deux personnes semblables. Nous sommes des individus uniques. Nous avons des intérêts différents, des tempéraments différents, des goûts différents et des besoins différents, qui entrent souvent en collision ou en conflit les uns avec les autres. Passez un peu de temps dans une famille et vous entendrez bientôt des échanges comme ceux-ci :

- Il fait tellement chaud ici. J'ouvre la fenêtre.
- Non ! Ne fais pas ça ! Je gèle !

- Baisse le volume de cette musique. C'est trop fort !
- Trop fort ? À peine si je peux l'entendre.

- Dépêche-toi. ! On est en retard !
- Détends-toi. On a tout notre temps.

« Au cours des années d'adolescence, de nouvelles différences peuvent apparaître. Les parents veulent garder leurs enfants en sécurité, à l'abri de tous les dangers du monde extérieur. Mais les ados sont curieux. Ils veulent avoir la chance d'explorer le monde extérieur.

« La plupart des parents veulent que leurs jeunes suivent les idées parentales en matière de bien et de mal. Quelques ados remettent ces idées en question et veulent suivre l'opinion de leurs amis sur le bien et le mal.

« Comme si ça ne suffisait pas pour attiser les tensions familiales, il nous faut aussi composer avec le fait que, de nos jours, les parents sont plus occupés que jamais et qu'ils ressentent plus de pressions que jamais. »

— À qui le dites-vous ! s'est exclamé Tony.

Le jeune assis à côté de Tony a marmonné :

— Et de nos jours, les jeunes sont plus occupés que jamais et ressentent plus de pressions que jamais.

Une chorale de « Oui ! » a jailli de la bouche des autres jeunes.

J'ai éclaté de rire.

« Ainsi, ce n'est un mystère pour personne, ai-je poursuivi. Dans une même famille, des gens qui s'aiment peuvent pourtant, à l'occasion, se taper sur les nerfs, s'agacer et devenir furieux les uns contre les autres. Que peut-on faire de ces sentiments négatifs ? Parfois, ils jaillissent de nous comme un éclair. Je me suis entendue dire à mes propres enfants : "Pourquoi vous agissez toujours comme ça ?... Vous n'apprendrez donc jamais ?... Qu'est-ce qui vous prend ?" Et j'ai entendu mes enfants me dire : "C'est stupide !... Tu es injuste !... Les mères de tous les autres enfants leur permettent..." »

Les sourires m'indiquaient que les deux générations se reconnaissaient. J'ai poursuivi.

« D'une façon ou d'une autre, quand ces paroles nous sortent de la bouche, nous savons tous, à un certain niveau, que cette sorte de langage rend les gens encore plus fâchés, plus défensifs, moins capables de tenir simplement compte du point de vue de l'autre. »

— C'est pourquoi, a soupiré Joan, on refoule parfois nos sentiments sans rien dire – juste pour avoir la paix.

« Et parfois, ai-je reconnu, la décision de ne rien dire n'est pas une mauvaise idée. Au moins, on n'aggrave pas les choses. Mais heureusement, le silence n'est pas notre seule option. Si jamais un membre de la famille nous agace ou nous met en colère, nous devons nous arrêter, prendre une bonne respiration, et nous poser une question cruciale : *Comment puis-je exprimer honnêtement mes sentiments de telle manière que l'autre personne soit capable de m'entendre et même de tenir compte de ce que j'ai à dire ?*

« Je le sais. Ce que j'ai à proposer n'est pas facile. Cela suppose que nous devons prendre la décision consciente de ne pas dire à l'autre personne ce qui ne va pas chez elle, mais plutôt de parler seulement de nous-même : ce que nous ressentons, ce que nous voulons, ce que nous n'aimons pas, ou ce que nous aimerions. »

J'ai fait une courte pause. À plusieurs reprises déjà, les parents m'avaient entendue exposer ce sujet en détails. Les jeunes l'entendaient pour la première fois. Certains d'entre eux m'ont jeté un regard perplexe. J'ai continué.

« Je vais vous distribuer quelques dessins simples qui illustrent ce que je veux dire. Selon moi, ces bandes dessinées montrent aux parents et aux enfants qu'ils ont le pouvoir d'intensifier ou de diminuer les sentiments de colère. Prenez quelques minutes pour examiner ces exemples et dites-moi ce que vous en pensez. »

Voici les dessins que j'ai distribués au groupe.

Parfois, les enfants mettent les parents en colère

Quand les parents sont frustrés, ils lancent parfois des accusations pleines de colère.

Au lieu de lancer des accusations… dites comment vous vous sentez ou ce qui vous plairait

Les adolescents seront davantage portés à vous entendre si vous leur dites comment vous vous sentez, au lieu de leur reprocher d'être impolis ou dans l'erreur.

Parfois, les parents mettent les adolescents en colère

Quand on les insulte, les adolescents sont parfois tentés de rendre la pareille.

Au lieu de contre-attaquer… dis comment tu te sens ou ce qui te plairait.

Les parents sont davantage portés à écouter quand tu leur dis comment tu te sens, au lieu de les insulter.

J'observais les gens pendant qu'ils étudiaient les feuilles. Après quelques minutes, j'ai demandé :

— Qu'en pensez-vous ?

Paul, le fils de Tony, a été le premier à réagir. (Oui, ce grand garçon élancé était bien le fils de Tony.)

— Je pense que c'est correct, mais quand je me fâche, je ne réfléchis pas à ce que je devrais ou ne devrais pas dire. Je parle à tort et à travers

— Ouais, a acquiescé Tony. Il est comme moi. Soupe au lait.

— Je comprends. C'est très difficile de réfléchir ou de parler rationnellement quand on se sent en colère. À certains moments, mes propres jeunes ont fait des choses qui me rendaient si furieuse que je criais : « En ce moment, je suis tellement furieuse que je ne suis pas responsable de ce que je pourrais dire ou faire ! C'est préférable de se tenir loin de moi ! » Je supposais que ça leur assurait une certaine protection tout en me donnant un peu de temps pour me calmer.

— Et ensuite ? a demandé Tony.

— Ensuite, je faisais le tour du quartier à la course, ou je sortais l'aspirateur et je le passais partout – n'importe quoi de physique, qui me forçait à bouger. Et vous ? Qu'est-ce qui vous aide à vous calmer quand vous êtes vraiment, mais là vraiment en colère ?

J'ai aperçu quelques sourires penauds. Les jeunes ont été les premiers à répondre.

— Je ferme ma porte et je mets la musique à fond.
— Je me mets à jurer tout bas.
— Je vais faire une longue promenade à vélo.
— Je tape sur mes tambours.
— Je fais des pompes jusqu'à ce que je tombe.
— Je commence une bagarre avec mon frère.

J'ai fait un geste vers les parents.

— Et vous ?

— *Je me rends directement au frigo et je vide un demi-litre de crème glacée.*

— *Je pleure.*

— *Je crie après tout le monde.*

— *J'appelle mon mari au travail et lui raconte ce qui s'est passé.*

— *Je prends deux comprimés d'aspirine.*

— *J'écris une longue lettre méchante, puis je la déchire.*

« Maintenant, ai-je repris, imaginez que vous avez déjà fait ce qu'il vous faut pour émousser votre colère, et que vous êtes un petit peu plus capable de vous exprimer de façon utile. Pouvez-vous le faire ? Pouvez-vous dire à l'autre personne quels sont vos désirs, vos sentiments, vos besoins, au lieu de la blâmer ou de l'accuser ? Bien sûr, vous le pouvez. Mais il vous faut de la réflexion, et on apprend mieux quand on s'entraîne à le faire.

« Dans les bandes dessinées que je viens de vous distribuer, j'ai pris des exemples tirés de mon propre foyer. Maintenant, je vous demande à chacun d'essayer de vous souvenir d'une chose qui se passe chez vous, une chose qui vous dérange, vous irrite, vous met les nerfs en boule. Dès que vous y pensez, écrivez-le. »

Le groupe semblait étonné de ma demande. « Ça peut être un gros truc ou un petit truc, ai-je ajouté. Une chose qui s'est passée, ou même une chose qui pourrait bien se passer. »

Parents et ados ont timidement échangé des regards. Certains avaient le fou rire. Après un moment, ils se sont tous mis à écrire.

« Maintenant que vous avez mis le doigt sur le problème, ai-je continué, essayons deux façons différentes de l'aborder. Écrivez d'abord ce que vous pourriez dire, selon vous, pour tout simplement aggraver les choses. »

J'ai fait une pause pour donner à chacun le temps d'écrire.

« Et maintenant, écrivez ce que vous pourriez dire pour permettre à l'autre personne de vous entendre et de considérer votre point de vue. »

La salle était devenue silencieuse. Les gens étaient aux prises avec le défi que je leur avais lancé. Quand tous m'ont semblé prêts, j'ai dit : « Maintenant, en apportant votre feuille, chacun de vous va se trouver un père, une mère ou un jeune qui n'est *pas* de sa propre famille et va s'asseoir près d'elle ou de lui. »

Après quelques instants de confusion générale, parmi les bruits de chaises qu'on déplace et les cris de : « Je n'ai toujours pas d'ado ! » et de : « Qui veut être mon père ou ma mère ? », les gens se sont finalement installés avec un nouveau partenaire.

« Maintenant, ai-je annoncé, nous sommes prêts pour la prochaine étape. À tour de rôle, lisez à l'autre personne chacune de vos deux phrases et observez vos réactions. Nous en reparlerons par la suite. »

Les gens hésitaient à commencer. On discutait pour savoir qui commencerait. Mais une fois la décision prise, parents et jeunes ont assumé leur nouveau rôle avec conviction. Au début, ils se parlaient doucement. Puis ils sont peu à peu devenus plus animés et plus bruyants. Un semblant de dispute entre Michael et Paul (le fils de Tony) a attiré tous les regards dans leur direction.

— Mais tu attends toujours à la dernière minute !

— Non ! Je t'ai dit que je le ferais plus tard.

— Quand ?

— Après le repas.

— C'est trop tard.

— Non.

— Oui, je te dis !

— Arrête d'en faire toute une histoire et laisse-moi tranquille !!

Tous les deux se sont tus soudain, conscients du silence dans la salle et du regard de tout le monde.

— J'essaie de convaincre mon fils de commencer ses devoirs plus tôt, a expliqué Michael, mais il me donne du fil à retordre.

— C'est parce qu'il ne me fiche pas la paix, a répliqué Paul. Il ne se rend pas compte que plus il me casse les pieds pour que je le fasse, plus je le remets à plus tard.

— D'accord, j'abandonne, a dit Michael. Maintenant, laisse-moi essayer l'autre manière.

Il a pris une grande respiration, puis il s'est lancé.

— Fiston, je me disais… Je t'ai poussé à commencer tes devoirs plus tôt parce que c'est ce qui me semble la chose à faire. Mais à partir de maintenant, je vais me fier à toi pour les commencer au moment qui te conviendra. Tout ce que je demande, c'est qu'ils soient terminés avant 21 h 30 ou 22 h au plus tard, pour que tu puisses avoir une bonnenuit de sommeil.

Paul s'est fendu d'un grand sourire.

— Hé, papa, c'était beaucoup mieux ! Ça me plaît !

— Donc, c'était correct ! a fièrement proclamé Michael.

— Ouais, a répondu Paul. Et tu vas voir, je vais être correct moi aussi. Je vais les faire, mes devoirs. Tu n'auras pas besoin de me le rappeler.

Le groupe semblait galvanisé par la démonstration à laquelle ils venaient tout juste d'assister. Plusieurs équipes parents/jeunes se sont déclarées prêtes à lire tout haut leurs deux phrases contrastantes. Nous nous sommes tous rapprochés pour écouter avec attention.

Une mère *(acusatrice)* :
Pourquoi dois-tu toujours me donner une réplique quand je te demande de faire quelque chose ? Tu n'offres jamais ton aide.

Tout ce que j'entends de toi, c'est : « Pourquoi moi ? Pourquoi pas lui ? Je suis occupé. »

La même mère *(décrivant ses sentiments) :*
Je déteste devoir argumenter quand je demande de l'aide. Je serais tellement heureuse d'entendre : « N'en dis pas plus, maman. Je m'y mets ! »

Une ado *(accusatrice) :*
Pourquoi tu ne m'as pas transmis mes messages ? Jessica et Amy m'ont dit toutes les deux qu'elles avaient appelé et tu ne me l'as jamais dit. Maintenant, j'ai raté le match et c'est ta faute !

La même ado *(décrivant ses sentiments) :*
Maman, c'est vraiment important pour moi de recevoir tous mes messages. J'ai raté le match parce qu'ils ont changé la date et quand je m'en suis aperçu, il était trop tard.

Un père *(accusateur) :*
Tout ce que je t'entends dire, c'est : « Donne-moi... Achète-moi... Conduis-moi ici... Conduis-moi là... » Peu importe ce que je fais pour toi, ce n'est jamais assez. Est-ce que je reçois parfois un merci ? Jamais !

Le même père *(décrivant ses sentiments) :*
Ça me fait plaisir de t'aider chaque fois que je le peux. Mais quand je le fais, j'aimerais entendre un mot d'appréciation.

Une ado *(accusatrice) :*
Pourquoi tu n'es pas comme les autres mères ? Toutes mes amies peuvent se rendre au centre commercial par elles-mêmes. Tu me traites comme un bébé.

La même ado *(décrivant ses sentiments) :*

Je déteste rester à la maison le samedi soir, alors que toutes mes amies ont du plaisir au centre commercial. Je me sens maintenant assez grande pour prendre soin de moi-même.

Laura avait écouté avec un intérêt particulier la dernière phrase que venait de prononcer sa propre fille. Elle a soudain poussé un cri.

— Oh non, Kelly Ann ! Dis ce que tu veux, ou comme tu le veux, je ne vais pas laisser une fille de treize ans se rendre au centre commercial le soir. Il faudrait que je sois folle – étant donné tout ce qui se passe dans le monde aujourd'hui.

Kelly est devenue écarlate.

— Maman, s'il te plaît, a-t-elle supplié.

Il nous a fallu à tous un moment pour comprendre que ce simple exercice en groupe révélait un conflit actuel et combien réel entre Laura et sa fille.

— Suis-je dans l'erreur ? m'a demandé Laura. Même si elle est avec des amies, ce sont encore des enfants. C'est complètement irresponsable de laisser des jeunes filles flâner au centre commercial le soir.

— Maman, personne ne flâne, a riposté Kelly avec flamme. On fait le tour des boutiques. De plus, c'est parfaitement sécuritaire. Il y a tout le temps des tonnes de gens autour.

— Nous avons ici deux points de vue totalement différents, ai-je souligné. Laura, vous êtes convaincue que le centre commercial n'est pas un endroit convenable pour une ado de treize ans sans surveillance le soir. Vous prévoyez trop de dangers potentiels. Quant à toi, Kelly, le centre commercial te semble parfaitement sécuritaire et tu crois que tu devrais avoir la permission d'y aller avec tes amies.

Je me suis ensuite tournée vers le groupe.

— Dans cette situation, sommes-nous coincés dans une impasse, ou pouvons-nous penser à quelque chose qui pourrait satisfaire à la fois les besoins de Kelly et ceux de sa mère ?

Le groupe n'a pas perdu une minute. Parents et ados ont pataugé à la recherche d'une solution à ce problème.

Une mère (s'adressant à Laura) : Je vais vous dire ce que je fais avec ma fille. Je les y conduis, elle et ses amies, en leur disant qu'elles peuvent y rester deux heures. Mais elle doit m'appeler au bout d'une heure, et appeler de nouveau quand elle est prête à rentrer. Je sais que c'est casse-pieds pour elle, mais au moins, j'ai l'esprit tranquille.

Une ado (s'adressant à Laura) : Vous pouvez donner à Kelly un téléphone portable. De cette façon, elle pourrait vous appeler si elle a un problème, ou vous pourriez la joindre en tout temps.

Une autre mère (s'adressant à Laura) : Que pensez-vous d'aller déposer les filles, de les suivre quelque temps, puis de faire vous-même quelques courses en convenant d'une heure et d'un endroit de rencontre avant de les ramener à la maison ?

Un ado (seize ans, beau, grand, s'adressant à Kelly) : Si tu veux aller au centre commercial avec tes amies, pourquoi ne pas laisser ta mère vous accompagner ?

Kelly : Tu rigoles ?! Mes amies piqueraient une de ces crises !

Laura : Pourquoi ? Toutes tes amies m'aiment bien.

Kelly : Pas question. Ça serait trop embarrassant.

Le même bel ado (souriant à Kelly) : supposons que tu demandes à tes amies d'endurer sa présence une fois ou deux, pour permettre à ta mère de voir ce qui se passe – où tu vas, ce que tu fais. De cette façon, elle pourrait peut-être se détendre.

Kelly (sous son charme) : Ça pourrait marcher (interroge sa mère du regard).

Laura : Je le ferais.

J'étais impressionnée par la scène dont je venais d'être témoin. J'étais frappée par la résolution très rapide du conflit, mais surtout par la façon dont le groupe avait réagi à l'impasse où se trouvaient Laura et Kelly. Personne n'avait pris parti. Tout le monde avait démontré un profond respect pour les sentiments intenses de la mère et de sa fille.

— Vous venez tous, ai-je conclu, d'illustrer clairement une façon très civilisée d'aborder nos différences. Il nous faut, semble-t-il, surmonter une tendance naturelle à prouver que nous avons raison et que l'autre personne a tort. « Tu as tort à propos de ceci ! Tu as tort à propos de cela ! » Selon vous, pourquoi est-ce moins naturel pour nous de souligner ce qui va bien ? Pourquoi sommes-nous moins portés à féliciter qu'à critiquer ?

Après une courte pause, les réponses coulaient à flot. Venant d'abord des parents.

— C'est beaucoup plus facile de trouver des défauts. Ça ne demande aucun effort. Mais pour dire quelque chose d'aimable, il faut y penser un peu.

— C'est vrai. Par exemple, hier soir, mon fils a ajusté sa musique à un très bas volume quand il s'est aperçu que j'étais au téléphone. Ça m'a fait plaisir qu'il le fasse, mais je n'ai jamais pris la peine de le remercier pour son geste attentif.

— Je ne sais pas pourquoi il faut féliciter les jeunes quand ils font ce qu'ils sont censés faire. Personne ne me félicite pour avoir déposé un repas sur la table chaque soir.

— Mon père croyait que les compliments sont mauvais pour les enfants. Il ne m'a jamais complimenté parce qu'il ne voulait pas que j'aie la *grosse tête.*

— Ma mère se situait à l'autre extrême. Elle n'arrêtait jamais de me dire comme j'étais merveilleuse : « Si jolie, si intelligente, si pleine de talents. » La tête ne m'a pas grossi, car je ne la croyais pas.

Les ados sont entrés dans la discussion.

— Ouais, mais même si une fille croit ses parents et qu'elle se trouve vraiment extraordinaire, sa tête pourrait vite dégonfler à la vue des autres jeunes à l'école.

— Je pense que les parents et les enseignants, quand ils disent des trucs comme : « Fantastique, beau travail », c'est parce qu'ils croient qu'ils sont censés le faire. Tu sais, pour t'encourager. Mais mes amis et moi, on trouve que ça sonne faux.

— Parfois, les adultes te complimentent pour t'amener à faire ce qu'ils veulent que tu fasses. Vous auriez dû entendre ma grand-mère la fois où je me suis fait couper les cheveux très courts. « Jérémie, je t'ai à peine reconnu. Tu es tellement élégant ! Tu devrais toujours te coiffer comme ça. Tu ressembles à une star de cinéma ! » Tu parles !

— Je crois qu'il n'y a rien de mal à faire des compliments, s'ils sont sincères. Je sais que je me sens bien quand on m'en fait.

— Moi aussi ! J'aime que mes parents disent quelque chose de gentil à mon sujet en ma présence. En fait, je crois que la plupart des jeunes ne détestent pas recevoir un peu d'éloges – de temps à autre.

— J'ai des nouvelles pour vous, les jeunes, s'est exclamé Tony. La plupart des parents ne détesteraient pas recevoir un peu d'éloges eux non plus – de temps à autre.

Une salve d'applaudissements a éclaté parmi les parents. J'ai commenté.

« Vous éprouvez toute une gamme de sentiments par rapport aux compliments. Certains d'entre vous aiment les compliments et ne détesteraient pas en recevoir davantage. Et pourtant, les compliments en rendent d'autres mal à l'aise parce qu'ils ne les croient pas sincères et qu'ils y voient de la manipulation.

« La différence entre ces réactions pourrait-elle être reliée à la *façon* dont on vous complimente ? Je crois que oui. Des paroles telles que : “Tu es formidable… la meilleure… si honnête… intelligent… généreuse…” peuvent nous mettre mal à l'aise. Il nous revient tout à coup le souvenir des fois où nous n'avons pas été aussi bons, honnêtes, intelligents ou généreux.

« Que peut-on faire à la place ? On peut décrire. On peut décrire ce qu'on voit ou ce qu'on ressent. On peut décrire les efforts d'une personne ou on peut décrire ses réussites. Plus on est explicite, mieux ça vaut.

« Sentez-vous une différence entre : “Tu es si intelligent !” et “Tu as pioché longtemps ce problème d'algèbre, mais tu ne t'es pas arrêté, tu n'as pas abandonné avant d'avoir trouvé la réponse” ? »

— Ouais, bien sûr, a lancé Paul. Le deuxième truc que vous avez dit est nettement meilleur.

— Qu'est-ce qui le rend meilleur ?

— Parce que si vous me dites que je suis si intelligent, je me mets à penser : *« Je le voudrais bien... ou elle essaie de me glisser une flatterie. »* Mais avec la deuxième manière, je pense : *« Hé, je crois que je suis intelligent ! Je sais comment m'accrocher tant que je n'ai pas trouvé la réponse. »*

« Il semble en effet que c'est ce qui se produit, ai-je enchaîné. Quand quelqu'un décrit ce qu'on a fait ou ce qu'on essaie de faire, on en retire habituellement une satisfaction plus profonde de soi-même.

« Dans les bandes dessinées que je vous distribue maintenant, vous allez trouver des exemples de parents et de jeunes qui reçoivent des compliments – d'abord sous forme d'évaluation, puis sous forme de description. Notez bien la différence entre les réflexions des gens à la suite de chacune des approches. »

Quand vous complimentez les enfants

Au lieu d'évaluer...

Décrivez comment vous vous sentez

Une variété de compliments peut conduire les enfants à des conclusions vraiment différentes à leur propre sujet.

Quand vous complimentez les enfants

AU LIEU D'ÉVALUER…

DÉCRIVEZ CE QUE VOUS VOYEZ

Les évaluations peuvent rendre les enfants mal à l'aise. Mais une description positive de leurs efforts ou de leurs réussites est toujours la bienvenue.

Quand tu complimentes tes parents

Au lieu d'évaluer…

Décris comment tu te sens

Les gens ont tendance à repousser un compliment qui les évalue. Il est plus facile d'accueillir une description honnête et enthousiaste.

Quand tu complimentes tes parents

Au lieu d'évaluer…

Décris ce que tu vois

Les descriptions conduisent souvent les gens
à mieux apprécier leurs forces.

J'ai aperçu Michael qui hochait la tête en regardant les illustrations.

— À quoi pensez-vous, Michael ? ai-je demandé.

— Je pense qu'avant ce soir, j'aurais affirmé que toute forme de compliment est préférable à l'absence de compliment. Je crois fermement que les gens devraient s'applaudir les uns les autres. Mais je commence à voir qu'il y a différentes façons de le faire.

— Et de bien meilleures ! a ajouté Karen en brandissant ses bandes dessinées. Je comprends maintenant l'irritation de mes jeunes quand je leur dis qu'ils sont formidables ou fantastiques. Ça les rend dingues. D'accord, à l'avenir, je devrai me le rappeler – *décrire, décrire !!*

— Ouais, a lancé Paul du fond de la salle. Cesse de faire de grandes démonstrations et dis à la personne ce qui te plaît chez elle.

J'ai saisi au vol le commentaire de Paul.

— Pourquoi pas le faire tout de suite ? Regroupez-vous par familles réelles. Puis, prenez un moment pour penser à une chose précise que vous aimez chez votre mère, votre père ou votre jeune. Dès que ça vous vient à l'esprit, mettez-le par écrit. Que pourriez-vous dire au juste pour exprimer à l'autre personne ce que vous admirez ou ce que vous appréciez chez elle ?

Une vague de rires nerveux a suivi ma suggestion. Une fois regroupés par familles, parents et ados se sont regardés, ont détourné le regard, puis se sont penchés sur leurs feuilles. Après que tous aient fini d'écrire, je leur ai demandé d'échanger leurs feuilles.

J'ai pu observer en silence des sourires s'agrandir, des yeux devenir humides, des gens s'embrasser. C'était agréable à voir. J'ai entendu : « Je croyais que tu n'avais pas remarqué... Merci. Ça me fait vraiment plaisir... Je suis heureuse que ça t'ait aidée... Moi aussi, je t'aime. »

Le concierge a passé la tête dans la porte entrouverte. « Bientôt », lui ai-je soufflé. Puis, je me suis adressée au groupe.

« Chers amis, nous voilà arrivés à la fin de notre dernière rencontre. Ce soir, nous avons vu comment on peut exprimer aux autres notre irritation de manière utile plutôt que blessante. Nous avons aussi vu des façons de montrer notre appréciation pour que chaque membre de la famille puisse se sentir reconnu et valorisé.

« Parlant d'appréciation, je veux que vous sachiez quel plaisir énorme ce fut pour moi de travailler avec chacun de vous pendant ces quelques semaines. Vos commentaires, vos prises de conscience, vos suggestions, votre empressement à explorer de nouvelles idées et à oser les mettre à l'essai ont rendu cette expérience très gratifiante pour moi. »

Ils ont tous applaudi. Je croyais que les gens allaient alors partir. Ils sont restés. Ils se sont attardés, se sont parlé, puis chaque famille a fait la queue pour venir me saluer personnellement. Ils voulaient que je sache combien la soirée avait été importante pour eux. Significative. Les jeunes, aussi bien que les parents, m'ont serré la main en me remerciant.

Après leur départ, je suis restée seule avec mes pensées. De nos jours, dans presque tous les médias, on présente les parents et les adolescents comme des adversaires. Pourtant, ici, ce soir, j'avais été témoin d'une tout autre dynamique. Parents et ados partenaires. Deux générations qui apprennent des habiletés et les utilisent. Deux générations qui accueillent l'occasion de se parler. Heureuses d'être en contact l'une avec l'autre.

La porte s'est ouverte.

— Oh, nous sommes si contentes que vous ne soyez pas encore partie !

C'était Laura et Karen.

— Croyez-vous que nous pourrions avoir encore une autre rencontre, la semaine prochaine – juste pour les parents ?

J'ai hésité. Je n'avais pas prévu continuer.

— Dans le parc de stationnement, nous étions tous en train de parler de trucs qui se passent chez nos jeunes mais que nous n'osions pas soulever ce soir, en leur présence.

— Vous n'auriez pas à vous occuper des convocations. Nous y verrions nous-mêmes.

— Nous savons que c'est une demande de dernière minute, et quelques personnes ont dit qu'elles ne pourraient pas venir, mais c'est extrêmement important.

— Vous êtes d'accord, dites ? Nous savons que vous êtes très occupée, mais si vous avez le temps…

Je pouvais lire l'anxiété sur leur visage. J'ai mentalement réorganisé mon emploi du temps.

— Je vais trouver le temps, ai-je répondu.

Aide-mémoire

Exprimer votre irritation

À votre ado

Au lieu de l'accuser ou de lui lancer des injures :
— Quelle est la tête de linotte qui est sortie en oubliant de fermer à clé ?

Dites ce que vous ressentez :
— Ça me contrarie de penser que n'importe qui aurait pu pénétrer chez nous pendant notre absence.

Dites ce que vous auriez aimé ou espéré :
— Je m'attends à ce que la dernière personne à quitter la maison s'assure que la porte est verrouillée.

À l'un de tes parents

Au lieu de le blâmer ou de l'accuser :
— Pourquoi tu me cries toujours après en présence de mes amis ? Les autres parents ne font pas ça !

Dis comment tu te sens :
— Je n'aime pas qu'on me crie après en présence de mes amis. C'est embarrassant.

Dis ce que tu aurais aimé ou espéré :
— Si je fais quelque chose qui te contrarie, dis seulement : « J'aimerais te parler une seconde » et parle-moi seul à seul.

Aide-mémoire

Exprimer votre appréciation

À votre ado

Au lieu de l'évaluer :
— Tu es toujours tellement responsable !

Décrivez ce qu'elle a fait :
— Même si tu subissais beaucoup de pression à ta répétition, tu t'es chargée de m'appeler quand tu as su que tu serais en retard.

Décrivez ce que vous ressentez :
— Cet appel m'a épargné un tas de soucis. Merci !

À l'un de tes parents

Au lieu de l'évaluer :
— Beau travail, papa !

Décris ce qu'il a fait :
— Merci, tu as passé la moitié de ton samedi à installer ce cercle de panier de basket pour moi.

Décris ce que tu ressens :
— Ça m'a fait drôlement plaisir.

8

Traiter des drogues et de la sexualité

Le groupe était plus petit ce soir. Assez petit pour nous permettre de nous déplacer vers la bibliothèque et de nous asseoir confortablement autour d'une table ronde. Plusieurs personnes ont commencé à parler de la rencontre de la semaine précédente. Ils en étaient très contents. Les choses allaient beaucoup mieux à la maison. Tout comme les enfants, ils se surprenaient encore à répéter quelques anciennes phrases négatives. Ils esquissaient alors un sourire timide en disant : « Je recommence ! » Puis ils se reprenaient. Même si les nouvelles paroles étaient maladroites ou peu familières, elles produisaient tout de même un bon effet.

Karen essayait d'écouter patiemment, mais je voyais qu'elle pouvait à peine se retenir. Dès la première pause dans la conversation, elle a explosé :

— Je suis désolée d'être négative, et encore plus de soulever le sujet, mais je suis encore bouleversée à cause de ce qui s'est passé lors d'une fête où se trouvait Stacey la semaine dernière.

Elle a pris une profonde respiration avant de poursuivre.

— J'ai entendu dire qu'une de ses camarades a fait une pipe à quelques-uns des garçons. Je ne suis pourtant pas prude et je ne crois pas être naïve. Je sais qu'il se passe aujourd'hui, chez les jeunes, toutes sortes de choses dont on n'entendait même pas parler quand j'étais jeune. Mais à onze ou douze ans ! Dans notre entourage ! Lors d'une fête d'anniversaire ! Quand même !

Tout le monde autour de la table voulait intervenir.

— Difficile à croire, n'est-ce pas ? Mais d'après mes lectures, ça se produit partout. Et chez des enfants plus jeunes encore. Et pas seulement à des fêtes. Ils le font dans les toilettes de l'école, dans le bus et à la maison, avant le retour des parents.

— Ce que je trouve le plus troublant, c'est que les jeunes n'y attachent pas une grande importance. La fellation est à leurs yeux ce qu'était pour nous le baiser de fin de soirée. Ils n'y voient pas de lien avec la sexualité. Après tout, s'il n'y a pas eu de pénétration, tu es toujours vierge. Et comme tu ne peux pas tomber enceinte, ils considèrent que c'est sans risque.

— C'est loin d'être sans risque. C'est ce qui me fait si peur. Mon frère est médecin et il dit qu'au cours d'une fellation, les jeunes peuvent attraper certaines des maladies qui se transmettent durant les pratiques sexuelles ordinaires – par exemple l'herpès oral ou la gonorrhée de la gorge. Il dit que la seule protection reste le préservatif, Et même là, ce n'est pas sans aucun risque. Un garçon pourrait avoir des verrues génitales ou des lésions du scrotum ; comme le préservatif ne recouvre pas cette partie, il ne serait alors d'aucune utilité.

— Ça me rend malade d'entendre ça. Toute cette situation est un véritable cauchemar. Quant à moi, la seule protection véritable est de ne pas le faire du tout.

— Oui, mais regardons les choses en face. Le monde d'aujourd'hui est différent. Selon ce que j'ai entendu, c'est une chose que les filles font aux gars – mais pas l'inverse. Quelques filles le font même en public.

— J'ai entendu parler de ça moi aussi. De toute évidence, la fille se sent poussée à le faire pour être populaire. Ce qu'elle ne réalise pas, c'est que le mot se répand et qu'elle finit par avoir la réputation d'être une traînée ou une salope.

— Mais ça renforce la réputation du gars. Il a le droit de s'en vanter.

— Je m'inquiète autant au sujet des garçons que des filles. Quelle opinion ont-ils d'eux-mêmes après coup – lorsqu'ils se rencontrent dans le couloir le lendemain, par exemple ? Et quelle influence ce genre de pratique sexuelle – car c'est bien de ça qu'il s'agit puisque ça implique les organes génitaux – aura-t-elle sur leurs relations futures ?

Visiblement, les commentaires de chacune des personnes augmentaient l'agitation de Karen.

— D'accord, d'accord, a-t-elle fini par dire. Donc, c'est très répandu et un tas de jeunes le font, mais que suis-je censée faire dans ce cas ? Impossible de fermer les yeux là-dessus. Je sais que je dois parler à Stacey de ce qui s'est passé à cette fête. Mais je ne sais même pas où commencer. La vérité, c'est que je suis même mal à l'aise d'aborder le sujet avec elle.

Il s'est fait un long silence. Les gens se sont regardés ébahis, puis m'ont regardée. Ce n'était pas facile.

« La seule chose dont je suis sûre, ai-je commencé, c'est ce qu'il faut éviter de dire : "Stacey, je sais tout ce qui s'est passé à cette fête où tu t'es rendue la semaine dernière. Je suis sous le choc et ça me révolte. C'est la chose la plus dégoûtante que j'aie jamais entendue ! N'y avait-t-il qu'une seule fille à faire aux garçons *ce que tu sais* ? En es-tu certaine ? Quelqu'un t'a-t-il demandé de le faire ? L'as-tu fait ? Ne me raconte pas de mensonge !"

« Au lieu de lui exprimer votre répugnance ou de la cuisiner, vos chances d'avoir une conversation productive avec elle sont bien meilleures si vous essayez de garder un ton de voix neutre, en donnant à vos questions une tournure générale plutôt que personnelle. Par exemple : "Stacey, à ma grande surprise, je viens juste d'apprendre une chose et je veux la vérifier avec toi. On m'a dit que des fellations ont lieu au cours des fêtes de jeunes – même celle où tu es allée la semaine dernière."

« Qu'elle le confirme ou qu'elle le nie, vous pouvez poursuivre la conversation – en gardant toujours un ton qui ne juge pas : “Depuis que j’ai entendu cela, je me demande si les filles le font parce que les garçons exercent de la pression sur elles. Ou parce qu’elles croient que ça va les rendre populaires. Je me suis aussi demandé ce qui arrive si une fille refuse.”

« Une fois que Stacey vous aura dit ce qu’elle est à l’aise de vous dire, vous pourrez exprimer votre point de vue. Mais puisque ce sujet peut être difficile à aborder pour des parents, vous voudrez peut-être prendre un peu de temps avant de décider ce que vous voulez exactement lui communiquer. »

— Je sais ce que je veux lui communiquer, a répondu Karen d’un air piteux. Je pense qu’elle n’est tout simplement pas prête à l’entendre.

— Qu’est-ce qu’elle n’est pas prête à entendre ? a demandé Laura, perplexe.

— Je considère que c’est mal pour une personne d’en utiliser une autre pour satisfaire une envie sexuelle. C’est mal de *rendre service* à une autre personne juste pour être populaire. À mes yeux, c’est dégradant. C’est manquer de respect envers soi-même. C’est valable pour un garçon autant que pour une fille.

— Ça me semble juste, a enchaîné Laura. Pourquoi vous ne pourriez pas le dire à Stacey ?

— Je suppose que je le pourrais, a soupiré Karen. Mais je connais ma fille. Elle me dirait probablement que je suis bornée et dépassée, que je ne suis pas à la page, que les jeunes d’aujourd’hui n’en font pas tout un plat. Que c’est juste un truc qu’ils font lors de certaines fêtes. Comment répliquer ?

— Vous pouvez commencer par reconnaître sa propre perspective, ai-je suggéré. « Donc, à tes yeux et à ceux d’un tas de jeunes que tu connais, il ne faut pas en faire tout un plat ». Puis vous pouvez continuer en exprimant votre perspective d’adulte : « Selon moi, la fellation est un acte très personnel, très intime. Pas un jeu au cours d’une fête. Pas une chose qu’on fait juste pour rire. Je ne peux pas m’empêcher de me demander si certains des jeunes qui y prennent part ne se sentent pas mal dans leur peau par la suite et ne regrettent pas de l'avoir fait. » Peu importe ce que répond Stacey, vous lui avez donné matière à réflexion. À tout le moins, elle connaît la position de sa mère.

— En plein ça ! s'est exclamé Michael. Et pendant que vous y êtes, vous pouvez aussi prévenir Stacey des risques pour sa santé. Des MTS que les jeunes peuvent attraper par une fellation. Ou pendant toute autre pratique sexuelle, d'ailleurs. Il faut qu'elle comprenne que certaines maladies sont curables, mais que d'autres ne le sont pas. Certaines sont extrêmement graves. On ne badine pas avec ces choses-là.

— Si c'était ma fille, a dit Laura en secouant la tête, elle aurait déjà les mains sur les oreilles. Jamais elle n'endurerait de m'entendre continuer à parler de toutes les horribles maladies qu'elle pourrait attraper.

— Mais nous sommes les parents ! a insisté Michael. Que ça leur plaise ou non, il y a un tas de choses qu'il faut dire aux jeunes au sujet de la sexualité, pour les prémunir contre les dangers.

Laura avait l'air affligée.

— Je sais que vous avez raison, a-t-elle reconnu, mais en vérité, je redoute d'avoir ce qu'on appelle une *conversation sérieuse* avec ma fille.

— Vous n'êtes pas la seule, ai-je conclu. La *conversation sérieuse* peut être embarrassante autant pour les parents que pour les enfants. De plus, la sexualité est un sujet trop important et trop complexe pour essayer de l'épuiser dans une seule séance. À la place, surveillez les occasions qui pourraient mener à des *petits entretiens.* Par exemple, quand vous regardez ensemble un film ou une émission de télé, que vous entendez un bulletin de nouvelles à la radio, que vous lisez un article de revue, vous pouvez utiliser ce que vous voyez ou entendez pour entamer une conversation. »

Ma suggestion a provoqué une réaction immédiate. De toute évidence, plusieurs personnes utilisaient déjà cette approche avec leurs enfants. Sous forme de bandes dessinées, voici quelques exemples provenant des échanges entre les membres du groupe.

Au lieu de l'unique « conversation sérieuse »…

Il peut être difficile pour les parents de prononcer un seul et unique discours sur la sexualité, comme il peut être difficile pour l'ado de l'écouter.

Recherchez les occasions d'avoir de courts échanges

Pendant qu'on écoute la radio

Alors qu'on lit le journal

Pendant qu'on regarde la télé ensemble

Au volant

Joan a levé la main.

— Jamais au grand jamais ma mère n'aurait abordé l'un de ces sujets avec moi. Elle serait morte d'embarras. Pourtant, elle a fait une chose. J'avais environ douze ans, quand elle m'a donné un livre portant sur l'origine des bébés. J'ai prétendu que ça ne m'intéressait pas, mais je l'ai dévoré de la première à la dernière page. Quand mes amies venaient me voir, nous nous enfermions dans ma chambre et nous sortions *Le Livre* pour le relire en rigolant à chacune des images.

— Ce que j'aime à propos d'un livre, a renchéri Jim, c'est qu'il donne au jeune un peu d'intimité – une chance de regarder le matériel sans que personne ne surveille par-dessus son épaule. Mais aucun livre ne remplacera jamais un père ou une mère. Les jeunes veulent savoir ce qu'en pensent leurs parents. Ce que leurs parents attendent d'eux.

— C'est cette partie qui m'inquiète, a protesté Laura. La partie des attentes. Je m'explique. Si on parle de sexualité avec nos enfants, si on leur donne des livres illustrés à ce sujet, n'auront-ils pas l'idée qu'on s'attend à ce qu'ils fassent l'amour et qu'on leur en donne la permission ?

— Pas du tout, a répondu Michael. Il suffit de bien leur faire comprendre qu'on leur donne des informations, non des permissions. De plus, il me semble qu'en évitant de fournir à nos jeunes certaines données fondamentales, on leur fait courir des risques. Si on croit qu'ils devraient détenir certains renseignements pour se protéger des dangers, la seule façon de s'assurer qu'ils les connaissent est de les leur donner nous-mêmes.

Michael a fait une pause, en cherchant un exemple dans sa tête.

— Par exemple, a-t-il enchaîné, combien de garçons savent comment utiliser un préservatif en toute sécurité – c'est-à-dire comment le mettre et comment l'enlever ? Et combien sont conscients qu'il faut vérifier la date d'expiration sur l'emballage ? Parce que utiliser un préservatif desséché équivaut à ne rien utiliser du tout.

— Génial ! s'est exclamée Laura. Moi-même, je l'ignorais... Et je me demande combien de filles réalisent que, malgré tout ce que peuvent leur dire leurs amis, il est tout à fait possible de tomber enceintes la première fois qu'elles font l'amour – même pendant leurs règles ?

— C'est justement à ce genre de choses que je pensais, a acquiescé vigoureusement Michael. Et voici autre chose qui ne vient pas à l'esprit de la plupart des jeunes, je parie. S'ils ont une relation sexuelle avec quelqu'un qui n'a peut-être couché qu'avec une seule autre personne, celle-ci peut avoir couché avec un tas de gens. Qui sait quelles maladies peuvent être transmises en cours de route !

— Tout ce que vous venez de dire est très important, a reconnu Tony en fronçant les sourcils. Bien sûr, vous avez raison. On doit parler des dangers à nos enfants. Mais ne doit-on pas leur dire également que la sexualité a ses bons côtés ? Que c'est normal, naturel... un des plaisirs de la vie ? Après tout, c'est ce qui nous a tous mis au monde !

Quand les rires ont cessé, j'ai pris la parole.

« Néanmoins, Tony, ces sentiments normaux, naturels, peuvent parfois submerger nos jeunes et fausser complètement leur jugement. Les jeunes d'aujourd'hui subissent des pressions énormes. Non seulement de la part de leurs hormones et de leurs camarades, mais aussi d'une culture pop sexualisée qui les bombarde d'images érotiques explicites, à la télé, au cinéma, dans les vidéoclips et Internet.

« Alors oui, c'est normal pour les jeunes de vouloir faire des expériences, de se conduire selon ce qu'ils voient ou entendent. Et oui, nous voulons leur faire comprendre que la sexualité est *un des plaisirs de la vie.* Mais nous devons aussi aider nos ados à se donner des limites. Nous devons leur faire part de nos valeurs d'adultes et leur donner des lignes de conduite auxquelles s'accrocher. »

— Par exemple ? a demandé Tony.

— Eh bien… ai-je répondu après un moment de réflexion, par exemple, je crois qu'on devrait dire aux jeunes qu'ils ne devraient jamais tolérer qu'on les pousse à avoir des activités sexuelles qui les rendent mal à l'aise. Sans se montrer désagréables, ils peuvent exprimer leur position. Ils peuvent tout simplement dire : « Je ne veux pas le faire. »

— Je suis tout à fait d'accord, s'est exclamée Laura. Si l'autre personne ne respecte pas cela, on devrait cesser de la fréquenter… Je crois aussi que nous devrions faire comprendre aux jeunes qu'on n'a pas une relation sexuelle simplement parce qu'on croit que tous les autres en ont. Il faut faire ce qui est bon pour soi. De plus, qui sait ce qui se passe réellement ? Certains jeunes font peut-être vraiment l'amour, mais je parie que plusieurs mentent à ce sujet et ne le font pas.

— À propos de faire ce qui est bon pour soi, a renchéri Joan, avant même de songer à confier leur corps et leur âme à quelqu'un d'autre, les jeunes devraient se poser quelques questions sérieuses. Par exemple : « Est-ce une personne qui se soucie vraiment de moi ?… À qui je peux faire confiance ?… Avec qui je peux être moi-même ? »

— Pour moi, a enchaîné Karen, le principal message que les jeunes devraient entendre de la part de leurs parents, c'est : « Ralentis. Inutile de rien brusquer. » Je crois qu'ils font une grosse erreur en faisant l'amour alors qu'ils sont encore si jeunes, ou en vivant ensemble, peu importe comment ils appellent cela aujourd'hui.

— Entièrement de votre avis ! s'est exclamée Joan. À cet âge, ils devraient se concentrer sur leurs études, participer à toutes sortes d'activités – sports, loisirs, clubs – et faire du bénévolat dans le milieu. Ce n'est pas le moment pour eux de se compliquer la vie par des relations sexuelles. Je sais qu'ils ne veulent pas l'entendre, mais nous devrions tout de même leur dire que certaines choses valent la peine qu'on les attende.

— Mais il y aura toujours des jeunes qui n'attendent pas, a souligné Michael. Si c'est le cas, s'ils sont déterminés à *aller jusqu'au bout*, leurs parents devraient leur parler franchement. Je leur mettrais les points sur les i. Je leur dirais qu'ils doivent discuter sérieusement avec leur partenaire potentiel afin de décider ensemble du type exact de contraception que chacun d'eux prévoit utiliser. Ensuite, ils devraient *tous les deux* consulter un médecin là-dessus. Voici ma position : si les ados croient avoir la maturité requise pour faire l'amour, ils devraient alors être prêts à se conduire comme des adultes. Ça veut dire penser aux conséquences et prendre leurs responsabilités.

— Ma foi, Michael, a approuvé Jim, admiratif, voilà les véritables enjeux. Et bien sûr, tout ce que tu viens de dire s'applique à tous les jeunes – les hétéros comme les gais.

Il s'est soudain créé un silence. Plusieurs personnes avaient l'air mal à l'aise.

— Je suis contente de ton ajout, Jim, ai-je commenté. Nous devons reconnaître la possibilité qu'une jeune personne puisse être homosexuelle et que toutes les précautions recommandées par Michael s'appliquent également dans son cas, qu'il s'agisse d'un garçon ou d'une fille.

« Je pense que j'ai soulevé la question en pensant à mon neveu, a dit Jim en hésitant. Il vient d'avoir seize ans et, il y a quelques semaines, il m'a confié qu'il est gai. Il m'a dit qu'il m'en parlait parce que, me connaissant, il était pas mal certain que je l'accepterais. Mais il s'inquiétait de la façon dont ses parents le prendraient. Il voulait leur en parler depuis longtemps, paraît-il, mais il avait peur. Pas tellement de la réaction de sa mère, mais il ne savait pas ce que ferait son père s'il l'apprenait.

« Nous avons longtemps parlé des retombées possibles, et à un moment donné, il a dit : "Je vais le faire, oncle Jim. Je vais tout leur dire."

« Eh bien, il l'a fait. Au départ, ils étaient tous les deux très bouleversés, m'a-t-il raconté. Son père voulait qu'il consulte un thérapeute. Sa mère a essayé de le rassurer. Elle a expliqué que ce n'était pas du tout inhabituel, pour un adolescent, de ressentir à l'occasion une attirance pour une personne du même sexe et que c'était probablement une simple passade.

« Il a alors répliqué à sa mère que ce n'était pas une passade, qu'il ressentait cela depuis longtemps et qu'il espérait que ses parents comprendraient. Ç'a dû être très pénible pour eux d'entendre cela, mais peu à peu, ils ont semblé s'y faire. Finalement, c'est surtout son père qui l'a surpris. Quoi qu'il arrive, a-t-il dit, il serait toujours leur fils et il pourrait toujours compter sur leur amour et leur appui.

« Croyez-moi, le jeune homme était grandement soulagé, et son oncle encore davantage. Si jamais sa mère ou son père lui avaient tourné le dos à cause de cela, j'ignore ce qui aurait pu se passer. J'ai lu tant d'histoires à propos de jeunes qui deviennent profondément dépressifs ou même suicidaires quand leurs parents les rejettent à cause de leur homosexualité. »

— Votre neveu a eu de la chance, ai-je commenté. Il n'est jamais facile pour des parents de composer avec l'homosexualité d'un adolescent. Mais si nous pouvons accepter nos enfants tels qu'ils sont réellement, nous leur donnons un cadeau formidable – la force d'être eux-mêmes et le courage de commencer à faire face aux préjugés du monde extérieur.

Un autre long silence.

« Autre chose, a commencé Joan avec lenteur. Que nos enfants soient hétéros ou gais, ils ont tous besoin de se rendre compte qu'une fois la sexualité introduite dans une relation, les choses ne seront jamais plus les mêmes. Tout se complique. Tous les sentiments deviennent plus intenses. Si quelque chose tourne mal, s'il se produit une rupture –

comme toujours chez les adolescents – ça peut entraîner des effets catastrophiques pour eux.

« Je me souviens de ce qui est arrivé à ma meilleure amie au secondaire. Elle était folle d'un garçon et s'est laissée convaincre de coucher avec lui. Il l'a ensuite laissée tomber pour une autre et elle s'est effondrée. Son rendement scolaire a chuté, elle était incapable de manger, de dormir, d'étudier ou de se concentrer bien longtemps sur quoi que ce soit. »

Jim a levé les bras au ciel.

— Après tout ce que je viens d'entendre, je commence à croire au bien-fondé de l'abstinence. Il faut bien l'admettre, c'est la seule méthode qui soit absolument sans risque. Je sais : on peut dire que les jeunes d'aujourd'hui atteignent la puberté plus tôt, qu'ils se marient plus tard, qu'il est irréaliste d'espérer qu'ils s'abstiennent pendant autant d'années. Mais l'abstinence ne veut pas dire qu'ils ne peuvent pas s'approcher les uns des autres. Ils peuvent toujours se tenir par la main, s'étreindre, s'embrasser, ou peut-être même aborder les préliminaires, comme nous disions à l'époque. Ce serait acceptable, je veux dire acceptable pour tout le monde... excepté dans le cas de ma propre fille.

Les gens ont souri. Laura avait l'air préoccupée.

— C'est facile pour nous de nous asseoir autour d'une table pour déterminer que nous devrions dire à nos jeunes, ce qu'ils peuvent faire ou ne pas faire. Mais c'est impossible de les suivre jour et nuit. Et malgré ce que nous leur dirons, qui nous assure qu'ils écouteront ?

— Vous avez raison, Laura, ai-je commenté. Il n'existe aucune garantie. Malgré ce que disent les parents, certains jeunes iront jusqu'à la limite et d'autres la dépasseront. Néanmoins, à cause des habiletés que vous avez mises en pratique ces dernières semaines, il se peut que vos jeunes seront davantage en mesure de vous écouter. Mais, ce qui est encore plus important, ils auront la confiance nécessaire pour s'écouter eux-mêmes et se fixer des limites.

— Dieu vous entende ! s'est écrié Tony. J'espère en tout cas que vos paroles s'appliquent aussi aux drogues, parce que j'ai une drôle d'impression par rapport à certains jeunes que mon fils a commencé à fréquenter. Ils n'ont pas tous la meilleure des réputations ; l'un d'entre eux a été expulsé pour s'être intoxiqué et je ne veux pas voir mon fils subir son influence. En d'autres mots, s'ils tentent de l'amener à prendre des drogues, je veux savoir ce que je peux tenter pour leur faire échec. Ce que je pourrais lui dire, par exemple ?

— Qu'aimeriez-vous lui dire, ai-je demandé.

— Ce que mon père m'a dit.

— C'est-à-dire ?

— Qu'il me romprait tous les os du corps s'il me surprenait à prendre des drogues.

— Et ça vous en a empêché ?

— Non. Je me suis simplement assuré qu'il ne me surprenne jamais.

— Donc, ai-je ajouté en riant, au moins vous savez maintenant ce qu'il faut éviter de faire.

Laura est intervenue.

— Et si vous lui disiez : « Écoute, si quelqu'un tente de te convaincre de prendre de la drogue, tu n'as qu'à dire non. »

Tony s'est tourné vers moi, comme s'il voulait mon avis.

« Le problème que pose cette approche, ai-je commenté, c'est qu'elle n'est pas suffisante en soi. Les jeunes ont besoin d'entendre plus qu'un simple *il suffit de dire non.* De nos jours, ils subissent des pressions énormes qui les incitent davantage à dire oui. Très difficile de résister à la fois aux messages de la culture pop, à l'accès facile aux drogues et aux pressions des camarades : "Il faut que tu essaies ceci… Fais-moi confiance, ça va te plaire… Ce mélange est formidable… Ça donne un de ces effets !… Ça t'aide à te détendre… Allons, ne te dégonfle pas."

« Et comme si ce n'était pas assez, les scientifiques nous apprennent maintenant que, même si un adolescent peut paraître rendu physiquement à la maturité, son cerveau est encore en train de se former. La partie qui contrôle les impulsions et où s'exerce le jugement est l'une des toutes dernières zones cérébrales à se développer. »

— Ça donne des frissons, a murmuré Laura.

« Oui, en effet, ai-je ajouté. Mais la bonne nouvelle, c'est que vous avez tous à votre disposition plus de moyens que vous ne le croyez. Les jeunes se soucient profondément de ce que vous pensez. Ils ne le montrent peut-être pas toujours, mais vos valeurs et vos convictions sont très importantes pour eux. Elles peuvent être le facteur déterminant dans leur décision de prendre ou non de la drogue et de l'alcool. Par exemple, Tony, vous pouvez dire à votre fils : "J'espère que ton ami ne prend plus de drogue. C'est un type sympathique et je n'aime pas l'idée qu'il puisse être en train de bousiller son avenir à cause de tout ce qu'il se met dans le corps maintenant."

« Ce ne sont pas seulement nos paroles qui peuvent empêcher nos enfants d'adopter des comportements risqués, c'est aussi l'exemple que nous donnons. C'est ce que nos enfants nous voient faire ou éviter de faire qui leur en dit long. »

— Maintenant, je comprends, a commenté Joan. Mon père m'a privée de sortie une fois, après avoir découvert que j'avais pris un petit verre lors d'une fête. Mais je le voyais chaque soir prendre son apéritif, puis de la bière pendant le repas. Alors, je m'étais dit que si c'était bon pour lui, c'était bon pour moi.

— Au moins, votre père avait une idée de ce qui vous arrivait, a ajouté Laura. Il tentait d'agir de façon responsable. Un tas de parents de nos jours ne savent rien de rien. Ils se disent que si leur jeune *a l'air* de bien faire les choses, alors tout va bien. Mais on ne peut jamais en être vraiment certain. Récemment, j'ai lu un article à propos de jeunes adolescents d'un quartier à l'aise. Ils figuraient au tableau d'honneur et faisaient partie de toutes les équipes sportives, mais chaque week-end, ils consommaient des quantités phénoménales d'alcool. Les parents n'en avaient aucune idée jusqu'au jour où certains d'entre eux se sont retrouvés à l'hôpital et que l'un d'eux a failli mourir.

— Cette histoire est une invitation à se réveiller, ai-je commenté. De nos jours, on fait des excès de ce genre dans plusieurs milieux. C'est une préoccupation majeure pour les parents, puisqu'on sait maintenant que l'alcoolisme chez les adolescents est plus dangereux qu'on l'avait cru auparavant. Toutes les études récentes montrent que le cerveau adolescent est dans un stade critique de son développement. L'alcool détruit des cellules cérébrales, entraîne des dommages neurologiques, des pertes de mémoire, des problèmes d'apprentissage, et il compromet la santé globale du jeune. Il y a aussi des éléments de preuve selon lesquels plus on est jeune quand on commence à boire, plus on court de risques de devenir alcoolique à l'âge adulte.

— De mieux en mieux ! a enchaîné Tony. Maintenant que nous savons tout cela, comment procéder pour le faire entrer dans les têtes de nos jeunes abrutis ? Ils croient que rien ne pourrait jamais leur arriver. Ils se rendent à une fête et se lancent les uns aux autres un défi pour voir qui peut boire le plus avant de vomir ou de tomber dans les pommes.

— C'est pourquoi, ai-je répondu, nous devons donner à nos enfants des messages clairs et explicites. « Faire la bombe peut te tuer. Ingurgiter une grande quantité d'alcool d'un seul coup peut provoquer un empoisonnement. L'empoisonnement aigu par l'alcool peut mener au coma et entraîner la mort. Voilà ce que dit la médecine. »

— C'en est trop pour moi, a ajouté Joan en gémissant, la tête entre ses deux mains. L'alcool en soi est déjà très mauvais, mais toutes mes lectures me disent que les adolescents qui boivent beaucoup prennent aussi de la drogue. Et il circule beaucoup de nouvelles substances dont je n'ai même jamais entendu parler. Il ne s'agit plus seulement de marie-jeanne, de crack ou de LSD, il y a maintenant l'ecstasy et…

Les gens n'ont pas tardé à allonger la liste de Joan.

— Et les roofies. La drogue du viol.

— Et quelque chose qu'on appelle kétamine, ou Special K.

— Que dire des amphétamines ? Elles ont la réputation de créer une dépendance encore plus grande que la cocaïne.

— J'ai entendu parler de quelque chose de nouveau que les jeunes reniflent pour s'intoxiquer. Ça s'appelle des poppers ou de l'or liquide.

— Ma foi, s'est exclamé Tony en secouant la tête, il faudrait en connaître un fameux tas !

— On peut avoir l'impression que c'est impossible de se tenir au courant, ai-je ajouté, mais l'information se trouve partout – dans des livres, des revues, Internet. Vous pouvez appeler les organismes qui viennent en aide aux toxicomanes et demander leurs brochures récentes. Vous pouvez en parler à d'autres parents de votre entourage et apprendre ce qu'ils savent. Et tant qu'à faire, vous pouvez demander à votre fils ce qu'il sait des substances utilisées aujourd'hui par ses camarades.

— Eh bien, a conclu Tony, il me semble que j'ai un programme tout tracé devant moi.

« Tous les parents d'adolescents, ai-je ajouté, ont un programme tout tracé devant eux. Il faut que nous fassions tous savoir à nos enfants que leurs pères et leurs mères sont informés, engagés, prêts à faire le nécessaire pour les protéger.

« Et une fois de plus, un entretien unique ne suffira pas. Il faut que les jeunes entendent ce que vous pensez des drogues, de différentes manières et à différents moments. Il faut qu'ils soient suffisamment à l'aise pour vous poser des questions, pour répondre à vos questions, et pour explorer leurs propres idées et leurs propres sentiments.

« Donc, en route vers notre dernier défi ! Profitons des petites occasions qui se présentent au cours d'une journée pour engager avec nos enfants un dialogue sur les drogues ? Imaginons le genre de conversation que nous pouvons avoir avec nos ados. »

Après beaucoup d'allées et venues, le groupe a envisagé les scénarios suivants.

Profitez des moindres occasions pour parler des drogues

En lisant le journal

Devant des messages publicitaires

En commentant une constatation

En lisant un magazine

En donnant l'exemple

Alors qu'on écoute la radio

Alors que nous discutions de notre dernier exemple, Laura a levé la main.

— Jusqu'ici, nous n'avons discuté que des moyens d'éloigner nos enfants de la drogue. Et si l'ado en fait déjà usage ? Je veux dire, quoi faire s'il est déjà trop tard ?

« Il n'est jamais trop tard pour vous servir de votre pouvoir de parent, ai-je répondu. Même s'il s'est agi d'un incident isolé, un *simple essai,* il ne faut pas le passer sous silence. Il faut confronter votre ado, faire le tour des risques et réaffirmer vos valeurs et vos attentes.

« Toutefois, si vous soupçonnez votre ado de consommer déjà de la drogue avec une certaine fréquence, si vous observez des changements dans son comportement, son rendement scolaire, son apparence, son attitude, ses amis, ses heures de sommeil ou ses habitudes alimentaires, il est alors temps de passer à l'action. Faites savoir à l'enfant ce que vous avez observé. Écoutez son côté de l'histoire. Prenez connaissance le plus possible de ce qui se passe réellement. Contactez un programme local ou national portant sur l'usage des stupéfiants afin d'obtenir des renseignements supplémentaires. Consultez votre médecin. Repérez dans votre localité tous les services disponibles qui peuvent offrir consultations et interventions professionnelles. En d'autres mots, trouvez de l'aide. Vous n'y arriverez pas seuls. »

— J'espère que je n'aurai jamais à faire tout cela, a soupiré Laura. Peut-être que j'aurai de la chance et que mes ados n'auront aucun de ces problèmes.

« Il vous faudra compter sur autre chose que la chance, Laura, ai-je rétorqué. Vous avez des habiletés. Et ce qui est encore plus important, vous comprenez l'attitude qui rend les habiletés efficaces. Il en va de même pour vous tous. Au cours des derniers mois, vous avez opéré plusieurs changements dans votre façon de communiquer avec vos enfants. Et tous ces changements – grands et petits – peuvent faire une profonde différence dans votre relation avec eux.

« En réagissant aux sentiments de vos ados, en solutionnant des problèmes avec eux, en les encourageant à poursuivre leurs buts et à réaliser leurs rêves, vous leur faites chaque jour savoir combien vous les respectez, vous les aimez, vous les appréciez. Et les jeunes personnes qui se sentent appréciées de leurs parents sont plus enclines à se valoriser elles-mêmes et à faire des choix responsables. Elles sont moins portées à s'engager dans des conduites qui iraient à l'encontre de leurs intérêts réels ou qui compromettraient leur avenir. »

Silence. La rencontre s'était prolongée. Pourtant, personne ne semblait pressé de partir.

— Ces rencontres vont me manquer, a soupiré Laura. Non seulement à cause des habiletés, mais à cause de tout le soutien que j'ai reçu de chacun d'entre vous. Ça va me manquer de ne plus entendre parler des enfants de tout le monde, a-t-elle ajouté, les yeux embués.

Karen l'a prise dans ses bras. Michael a fait de même.

— Ce qui va me manquer le plus, a ajouté Joan, c'est l'assurance qu'il y a des personnes avec qui je peux parler s'il se présente un problème.

— Et comme nous le savons tous si bien, a commenté Jim d'un air piteux, avec des ados, il y aura toujours de nouveaux problèmes. Pour cette raison, ç'a été formidable de recevoir un peu de feed-back de personnes qui sont dans la même galère.

— Hé, a demandé Tony, qui a dit que nous devions nous quitter ? Pourquoi ne pas continuer à nous rencontrer – peut-être pas chaque semaine, mais disons à intervalles d'un mois ou deux ?

La suggestion de Tony a été aussitôt accueillie par une réaction enthousiaste.

Tout le monde s'est tourné vers moi, avec l'air d'attendre quelque chose.

J'ai pris un moment pour réfléchir. Ce que ces parents souhaitaient pour eux-mêmes, c'était ce que moi je souhaitais pour tous les parents d'adolescents – un système de soutien continu. Le soulagement de ne plus se sentir isolés. Le réconfort de pouvoir s'épancher avec des gens qui peuvent comprendre. L'espoir qui jaillit de l'échange des idées et de la découverte de nouvelles possibilités. Le plaisir de faire part de nos petits succès à d'autres personnes.

— Si tel est votre désir à tous, ai-je dit au groupe, prévenez-moi. J'y serai.

Aide-mémoire

SEXUALITÉ ET DROGUE

Au lieu d'un seule conversation officielle : *(« Je sais que tu crois tout savoir à propos de la sexualité et des drogues, mais je crois qu'il est temps pour nous d'avoir une bonne discussion. »)*

RECHERCHEZ LES PETITES OCCASIONS DE COMMENCER UNE CONVERSATION

En écoutant la radio :
« Crois-tu que c'est vrai, ce que vient de dire ce psychologue ? Est-ce vrai que les jeunes ont de la difficulté à refuser les drogues parce qu'ils ne veulent pas avoir l'air débiles ni perdre des amis ? »

En regardant la télé :
« Donc, selon cette pub, tout ce qu'une fille doit faire pour amener un gars à s'intéresser à elle, c'est de porter la bonne couleur de rouge à lèvres ? »

En lisant une revue : *« Que penses-tu de ceci ? On écrit ici que les jeunes prennent parfois des drogues juste pour se sentir bien. Mais par la suite, il leur faut utiliser d'autres drogues – pour se sentir tout simplement normaux. »*

En regardant un film :
« Cette dernière scène te semblait-elle réaliste ? Est-ce que deux ados qui viennent tout juste de se rencontrer coucheraient ensemble si rapidement ? »

En lisant un journal :
« Quand tu en auras le temps, jette un coup d'œil à cet article qui porte sur les adolescents et leurs beuveries. Cela m'intéresserait de connaître ta réaction. »

En écoutant de la musique : *« Que penses-tu des paroles de cette chanson ? Crois-tu qu'elles pourraient influencer la façon dont les gars traitent les filles ? »*

La prochaine fois qu'on se rencontre…

Dans les jours qui ont suivi, je me suis rendu compte que mes pensées retournaient sans cesse vers le groupe.

Nous avions fait une longue route ensemble. Au dé-part, les espoirs, les craintes et les objectifs étaient diffé-rents pour chacun. Malgré ces différences initiales, ils avaient pourtant eu le bonheur de constater une améliora-tion de leur relation avec leurs jeunes et de voir que ceux-ci se comportaient de façon plus responsable. Tout cela grâce aux toutes nouvelles habiletés apprises lors des rencontres de l'atelier. Il s'agissait là de réussites dont nous pouvions tous être fiers !

J'étais pourtant contente à l'idée d'une autre ren-contre. J'y voyais l'occasion de partager avec les parents ce qui avait grandi en moi et se manifestait de façon de plus en plus claire – une vision plus large du travail que nous avions accompli ensemble.

Lors de cette rencontre, je leur dirai ceci :

« S'il est vrai que les enfants *apprennent à travers leurs expériences,* voici ce que vos enfants ont vécu et appris au cours de ces derniers mois : les principes les plus élémentaires de la communication bienveillante.

« Chaque jour, dans le va-et-vient de la vie familiale, vos ados ont appris que :

- **Les sentiments sont importants.** Non seulement les vôtres, mais ceux des personnes avec qui vous n'êtes pas d'accord.
- **La politesse est importante.** On peut exprimer sa colère sans insulter l'autre.
- **Les mots sont importants.** Ce que vous choisis-sez de dire peut causer du ressentiment ou susciter de la bonne volonté.
- **La punition est inadmissible dans une relation bienveillante.** Nous sommes tous des personnes en croissance – capables de faire des erreurs, de les reconnaître et de nous amender.

- **Nos différences ne doivent pas forcément causer notre défaite**. Les problèmes qui semblent in-solubles peuvent se résoudre grâce à l'écoute res-pectueuse, la créativité et la persistance.
- **Nous avons tous besoin d'être valorisés.** Non seulement pour ce que nous sommes maintenant, mais pour ce que nous pouvons devenir. »

A notre prochaine rencontre, je vais dire aux parents que chaque journée fourmille d'occasions nouvelles. Chaque journée leur donne la possibilité d'adopter l'attitude et le langage qui peuvent rendre service à leurs adolescents, dès maintenant et au cours de toutes les an-nées à venir.

Nos enfants sont les cadeaux que nous présentons à l'avenir. L'expérience qu'ils prennent aujourd'hui dans nos foyers les habilitera à donner au monde dont ils vont hériter les façons de faire qui affirment la dignité et l'humanité de tous.

C'est ce que je vais dire aux parents – la prochaine fois.

D'autres livres utiles

Elkind, David (1993). *Parenting Your Teenager in the 1990s : Practical Information and Advice About Adolescent Development and Contemporary Issues.* Cam-bridge, MA, Modern Learning Press. L'auteur commente plusieurs des problèmes auxquels les parents d'adolescents doivent faire face de nos jours. Il présente des prises de conscience et des conseils d'une manière utile et facile à lire.

Faber, Adele, et Elaine Mazlish (2012). *Parler pour que les enfants écoutent, écouter pour que les enfants parlent.* Cap-Pelé, N.-B., Canada, Aux Éditions du Phare. Ce livre est recommandé pour deux raisons :

1. Le chapitre sur l'autonomie est particulièrement pertinent pendant la période de l'adolescence. Comment aider un enfant à devenir un individu distinct, indépendant, qui peut un jour fonctionner par lui-même.

2. Le chapitre qui traite de la façon d'aider un enfant à éviter d'être piégé dans un rôle (par exemple, le rôle du paresseux, du plaintif, de la princesse, du désordonné) s'applique aussi bien aux adolescents. Il n'est jamais trop tard pour aider une jeune personne à se percevoir d'une façon différente et à réaliser son potentiel.

Faber, Adele, et Elaine Mazlish (2013). *Parler pour que les enfants apprennent, à la maison et à l'école.* Cap-Pelé, N.-B., Canada, Aux Éditions du Phare. Ce livre décrit le genre de communication qui incite les étudiants à réfléchir, à apprendre, à persister et à croire en eux-mêmes.

Gianetti, Charlene, et Margaret Sagarese (1997). *The Roller-Coaster Years : Raising Your Child Through The Maddening Yet Magical Middle School Years.* New York, Broadway Books. Un livre pratique, animé, qui traite du large éventail des problèmes qui affectent la plupart des adolescents aux études et de leurs parents.

Hersch, Patricia (1998). *A Tribe Apart : A Journey into the Hearth of American Adolescence.* New York, Ballantine Books. Une journaliste de talent vous entraîne profondément dans le monde de huit adolescents très différents. Elle met en évidence les passions et les pressions qui façonnent leur caractère et leur personnalité au cours de leurs années d'adolescence.

Lopez, Ralph (2002). *The Teen Health Book : A Parents' Guide to Adolescent Health and Well-being.* New York, W.W. Norton. Une excellente ressource. Écrit dans un style clair et familier, ce livre traite des préoccupations physiques et émotionnelles des adolescents.

McGraw, Jay (2001). *Closing the Gap : A Strategy for Bringing Parents and Teens Together.* New York, Fireside / Simon & Schuster. Des conseils adressés aux parents et aux adolescents par un jeune étudiant de niveau collégial.

Pipher, Mary (1995). *Reviving Ophelia : Saving the Lives of Adolescent Girls.* New York, Ballantine Books. Un coup d'œil sur les torts infligés à nos filles par la culture actuelle, accompagné de stratégies judicieuses sur la façon de les aider.

Pollack, William (1999). *Real Boys : Rescuing Our Boys from the Myths of Boyhood.* New York, Owl Books, Henry

Holt. Un complément logique de *Reviving Ophelia,* ce livre montre de façon évidente comment nos stéréotypes quant au genre meurtrissent nos fils et il offre une profusion d'options attentives.

Richardson, Justin, et Mark A. Schuster (2003). *Everything You Never Wanted Your Kids to Know About Sex (But were Afraid They'd Ask) : The Secrets to Surviving Your Child's Sexual Development from Birth to the Teens.* New York, Three Rivers Press. Le titre en dit long. Des conseils sains, sensés, portant sur un sujet difficile.

Sheras, Peter, et Sherill Tippins (2002). *Your Child : Bully or Victim ? Understanding and Ending Schoolyard Tyranny.* New York, Fireside / Simon & Schuster. Une exploration sérieuse des causes et des effets de l'intimidation et des façons d'y faire face.

Taffel, Ron, et Melinda Blau (2001). *The Second Family : Reckoning with Adolescent Power.* New York, St. Martin's Press. Les auteurs observent sans broncher la façon dont les camarades et la culture pop peuvent repousser les parents hors de la vie de leurs adolescents. Ils recommandent diverses méthodes pour renouveler et renforcer les rapports entre les générations.

Walsh, David (2004). *Why Do They Act That Way? A Survival Guide to the Adolescent Brain for You and Your Teen.* New York, Free Press. L'auteur puise dans les recherches les plus récentes portant sur le cerveau adolescent ainsi que dans son expérience considérable avec les adolescents en difficulté pour fournir aux parents de précieuses prises de conscience, de l'information et des lignes de conduite.

Pour en apprendre davantage…

Vous désirez en savoir davantage au sujet des habiletés de communication présentées dans ce livre ? En discuter avec d'autres personnes ? Participer à des ateliers d'apprentissage en groupe destinés à des parents et des professionnels ? Recevoir une formation pour animer de tels ateliers ? Vous procurer des livres ou du matériel d'atelier ? Voici quelques liens utiles.

En anglais

Faber/Mazlish Workshops, LLC
PO Box 64
Albertson, NY 10507
USA
www.fabermazlish.com

En français au Canada

Aux Éditions du Phare
1234, allée des Hirondelles
Cap-Pelé, N.-B.
E4N 1R7 Canada
Téléphone : (506) 577-6160
Télécopieur : (506) 577-6727
www.auxeditionsduphare.com

Adele Faber et Elaine Mazlish

Ouvrages disponibles en français

Parler pour que les enfants écoutent, écouter pour que les enfants parlent

Ce best-seller propose des habiletés efficaces pour mieux communiquer avec les enfants tout en soutenant les adultes dans cette démarche. Acclamée par les parents et les professionnels à travers le monde, l'approche concrète des auteures réduit le stress lié à l'éducation des enfants et rend la relation parent-enfant plus harmonieuse.

Frères et sœurs sans rivalité : Manuel de survie pour une famille plus sereine !

Quand on lit ce livre on se sent compris. Écrit avec humour et compassion, il vient bousculer l'idée que les conflits entre les enfants sont naturels et inévitables. À l'aide de bandes dessinées et de témoignages et orienté vers la recherche de solutions, il démontre les nombreuses façons d'enseigner à vos enfants à mieux s'entendre.

Parler pour que les enfants apprennent, à la maison et à l'école

Cet ouvrage montre de façon concrète comment parents et enseignants peuvent aborder les problèmes quotidiens qui nuisent à l'apprentissage et insuffler aux enfants le désir de prendre en main leur démarche éducative.

Parler pour que les ados écoutent, écouter pour que les ados parlent

Débordant de suggestions concrètes qui s'adressent à la fois aux parents et aux adolescents, cet ouvrage présente des techniques innovantes et éprouvées pour consolider leurs relations. Les parents y trouveront des outils efficaces pour aider leurs enfants à naviguer sans danger sur les eaux souvent turbulentes de l'adolescence.

Parents épanouis, enfants épanouis : Votre guide pour une famille plus heureuse

Les auteures racontent comment les principes énoncés par le psychologue H. Ginott ont inspiré leurs propres façons de communiquer avec les enfants. Elles livrent ici leur propre expérience et celle de nombreux autres parents. Leur témoignage est à la fois touchant et convainquant. Une contribution majeure pour la stabilité de la famille d'aujourd'hui.

Être le parent que vous avez toujours voulu être

Revoilà un ouvrage d'Adele Faber et Elaine Mazlish dans un format abrégé qui rend accessible à tous leur fameuse méthode « Parler pour que les enfants écoutent… ». Parents pressés, on a pensé à vous ! Remis à jour par les auteures et édité pour la première fois en français, il est composé d'un livre et d'un CD complémentaire qui abordent leurs thèmes principaux. Un bon moyen de découvrir cette approche et de la partager avec votre entourage (conjoint, grands-parents, gardiennes…) et aussi de se remettre à jour !

Livres pour enfants

Bastien et les Blipoux (oct. 2014)

et

Bastien et les Blipoux vont à l'école (févr. 2015)

« De remarquables outils d'apprentissage… racontés avec humour et tendresse. » Ces charmants albums enseignent aux enfants des habiletés de communication dans un contexte familier qui laisse aussi place à l'imaginaire… Ils apprennent comment aborder les personnes avec qui ils sont en désaccord afin de trouver des compromis acceptables pour tous. Un beau moment de partage entre parents et enfants !

Matériel d'atelier

Parler pour que les enfants écoutent

et

Frères et sœurs sans rivalité

Deux ateliers pour les parents et les adultes qui désirent s'entraîner en groupe à maîtriser les habiletés de communication présentées dans les livres de Faber et Mazlish. Guides d'animation et cahiers de travail pour les participants.

L'atelier de groupe

PARLER POUR QUE LES ENFANTS ÉCOUTENT

Certaines personnes préfèrent être seules pour se mettre à l'apprentissage des habiletés présentées dans le livre *Parler pour que les enfants écoutent, écouter pour que les enfants parlent.* Toutefois, d'autres personnes préfèrent apprendre en groupe, afin de bénéficier de la richesse unique des interactions entre les participants.

Pour ces personnes, Adele Faber et Elaine Mazlish ont créé un atelier permettant aux parents intéressés d'animer par eux-mêmes une série de rencontres de groupe, sans l'intervention d'un animateur chevronné.

C'est ainsi qu'est né l'atelier *How To Talk So Kids Will Listen* qui a été traduit en plusieurs langues et a déjà fait le tour de la planète.

Le matériel d'atelier traduit et adapté comprend une trousse d'animation qui présente de façon simple, étape par étape, toutes les directives nécessaires pour animer efficacement un groupe de parents intéressés à faire l'apprentissage de ces habiletés. Des cahiers de travail sont également disponibles pour permettre à chacun des participants de compléter les exercices de l'atelier.

www.auxeditionsduphare.com

L'atelier de groupe

FRÈRES ET SŒURS SANS RIVALITÉ

Les enfants d'une même famille éprouvent parfois des difficultés à s'entendre. Il leur arrive même de faire face à des conflits assez sérieux. Confrontés à ce genre de situation, les parents qui recherchent des solutions à la fois habiles et respectueuses ont désormais à leur disposition les outils appropriés.

S'adressant aux parents qui ont plus d'un enfant, Adele Faber et Elaine Mazlish leur proposent un atelier sur mesure, leur permettant d'aborder efficacement les difficultés d'interaction qui surgissent entre leurs enfants. Le matériel de *Siblings Without Rivalry* leur permet de se regrouper avec d'autres parents afin de découvrir ensemble des stratégies et des habiletés applicables à leur situation.

Ce matériel, traduit et adapté en français, comprend une trousse d'animation ainsi que des cahiers de travail pour les participants. Aussi flexible que l'atelier *Parler pour que les enfants écoutent*, mais mettant spécifiquement l'accent sur les conflits au sein de la fratrie, l'atelier *Frères et sœurs sans rivalité* ouvre de nouveaux horizons aux parents désireux d'explorer la complexité de la relation entre frères et sœurs.

Achevé d'imprimer chez Sobook le 06-05-2019

LINSELLES - FRANCE

N° impression : 561 739